Das Grundschulwörterbuch

7., vollständig überarbeitete und erweiterte Auflage

von Ulrike Holzwarth-Raether,
Angelika Neidthardt und Barbara Schneider-Zuschlag

mit Bildern
von Kerstin Meyer

Dudenverlag
Berlin

Die Rechtschreibung in diesem Buch folgt im Falle von Schreibvarianten den Empfehlungen von Duden – Die deutsche Rechtschreibung.

Beratungsangebot für Eltern und Lehrer (kostenpflichtig):
Die **Duden-Sprachberatung** beantwortet Fragen zu Rechtschreibung, Grammatik, Zeichensetzung u. Ä.
montags bis freitags zwischen 9:00 und 17:00 Uhr.
Aus Deutschland: **09001 870098** (1,99 € pro Minute aus dem Festnetz)
Aus Österreich: **0900 844144** (1,80 € pro Minute aus dem Festnetz)
Aus der Schweiz: **0900 383360** (3,13 CHF pro Minute aus dem Festnetz)
Die Tarife für Anrufe aus den Mobilfunknetzen können davon abweichen.

Den kostenlosen Newsletter der Duden-Sprachberatung können Sie unter www.duden.de/newsletter abonnieren.

Liebe Lehrerinnen und Lehrer,
unsere kostenlose Lehrerhandreichung passend zum Grundschulwörterbuch finden Sie unter www.duden.de/gswb.

Bibliografische Information der Deutschen Nationalbibliothek
Die Deutsche Nationalbibliothek verzeichnet diese Publikation in der Deutschen Nationalbibliografie; detaillierte bibliografische Daten sind im Internet über http://dnb.d-nb.de abrufbar.

Das Wort **Duden** ist für den Verlag Bibliographisches Institut GmbH als Marke geschützt.

Kein Teil dieses Werkes darf ohne schriftliche Einwilligung des Verlages in irgendeiner Form (Fotokopie, Mikrofilm oder ein anderes Verfahren), auch nicht für Zwecke der Unterrichtsgestaltung, reproduziert oder unter Verwendung elektronischer Systeme verarbeitet, vervielfältigt oder verbreitet werden.

Für die Nutzung des zum Buch zugehörigen Downloadangebots gelten die allgemeinen Geschäftsbedingungen (AGB) der Website www.duden.de, die jederzeit unter dem entsprechenden Eintrag abgerufen werden können.

Alle Rechte vorbehalten.
Nachdruck, auch auszugsweise, nicht gestattet.

© Duden 2016 D C B A
Bibliographisches Institut GmbH
Mecklenburgische Straße 53, 14197 Berlin

Redaktionelle Leitung: Anika Donner, Constanze Schöder
Redaktion: Andrea Weller-Essers
Autorinnen Englisch-Teil: Ute Müller-Wolfangel, Cornelia Pardall
Fachberatung Französisch-Teil: Iris Oesterreich
Fachberatung Türkisch-Teil: Yonca Tül
Herstellung: Ursula Fürst
Layout Fremdsprachen-Teil: Juhu Media, Susanne Dölz, Bad Vilbel
Umschlaggestaltung: Büroecco, Augsburg
Satz: Sigrid Hecker, Mannheim
Druck und Bindung: Parzeller Druck- und Mediendienstleistungen GmbH & Co. KG
Frankfurter Straße 8, 36043 Fulda
Printed in Germany

ISBN 978-3-411-06067-2

Inhaltsverzeichnis

Wörterbücher sind nützlich ... 4

So schlägst du nach ... 5–7

Wörterliste von A bis Z ... 8–201

Wichtige Rechtschreibtipps ... 202–205

1. Rechtschreibstrategien anwenden ... 202
2. Fragen stellen und Wissen nutzen ... 203
3. Arbeitstechniken anwenden ... 204
4. Merken – Übungsformen nutzen ... 205

Kleine Lernwörter ... 206

Lernwörter mit schwierigen Lauten ... 207

Schwierige Verbformen ... 208–214

Wortfamilien ... 215–219

Wortfelder – Sag es treffender! ... 220–223

Bildwörterbuch Englisch ... 224–239

Bildwörterbuch Französisch ... 240–255

Bildwörterbuch Deutsch–Türkisch ... 256–271

Fachbegriffe ... 272

Wörterbücher sind nützlich

Wenn du „Satellit" und „Karussell" richtig schreiben kannst, bist du ein Rechtschreibprofi. Aber alle 11 500 Wörter, die in diesem Buch stehen, hat niemand im Kopf. Manchmal gibt es sogar zwei richtige Schreibweisen.

Lkw oder LKW

Mit den wichtigsten Rechtschreibstrategien und Regeln kannst du bei vielen Wörtern selbst herausfinden, wie man sie schreibt. Du findest diese Strategien, die du sicher auch aus der Schule kennst, hinten im Buch. Trotzdem, ohne Wörterbuch kommt man nicht aus. Die Großen brauchen es und die Kleinen. Für dich ist es wichtig, wenn du einen Brief, eine E-Mail, eine SMS schreiben oder ein Kreuzworträtsel lösen willst, in der Schule natürlich oder wenn du Hausaufgaben machst. Es nützt dir aber nur etwas, wenn das Nachschlagen fix geht.

Wer viel mit dem Wörterbuch arbeitet, wird schnell ein Nachschlageprofi. Du kannst das mit dem Training beim Sport vergleichen: Je öfter du turnst oder läufst, umso geschickter und schneller wirst du. Das richtige Nachschlagen muss aber nicht nur geübt werden. Damit es Spaß macht, musst du erst einmal wissen, wie es geht. Gleich auf den nächsten Seiten findest du dazu viele Tipps.

Im Anhang deines Wörterbuches findest du ein erstes kleines Bildwörterbuch in Englisch, Französisch und Deutsch–Türkisch. Dort stehen nach Themen geordnet viele Wörter in der jeweiligen Sprache.

Unter www.duden.de/gswb findest du zusätzlich ein Trainingspaket mit tollen Spielen zum Üben der verschiedenen Nachschlagetechniken. Darin stecken außerdem Arbeitsblätter und Wörtersammlungen zu den wichtigsten Rechtschreibregeln, die dir bei deinen Hausaufgaben eine große Hilfe sein können.

So schlägst du nach

■ Achte bei der Wörtersuche zuerst auf den Anfangsbuchstaben deines Wortes.

Advent findest du bei **A**
Karussell findest du bei **K**

■ Sieh dir dann den zweiten und den dritten Buchstaben an. Vielleicht sogar den vierten und fünften.

Kobold steht bei **Ko** und nicht bei **Ka** oder **Ke**
Kobold steht nach **Ko**ala und vor **Ko**ffer

■ Achte auf die fett gedruckten Wörter. Das sind die Haupteinträge. Darunter stehen die Nebeneinträge. Sie gehören zur gleichen Wortfamilie.

gefährlich findest du bei **Gefahr**
Blut findest du bei **bluten**
Schlagsahne findest du bei **schlagen**

■ Suche Nomen in der Einzahl.

Äpfel findest du neben **Apfel**
Öfen findest du neben **Ofen**
Träume findest du neben **Traum**

■ Wenn du ein zusammengesetztes Nomen oder Verb nicht findest, dann zerlege es und suche beide Wörter.

Eiswaffel → suche **Eis**
 und suche **Waffel**
aufschieben → suche **auf**
 und suche **schieben**

- Suche Verben in der Grundform.

er sagte	→ suche	**sagen**
sie hat gelacht	→ suche	**lachen**

- Besonders schwierig ist es, die Grundform eines Verbs herauszufinden, wenn es sich stark verändert hat.

er aß	steht bei	**essen**
sie ist geritten	steht bei	**reiten**
du siehst	steht bei	**sehen**

- Die Umlaute werden wie Vokale behandelt und entsprechend im Alphabet eingeordnet.

Ahorn	vor	**Ähre**
Mai	vor	**März**

- Viele Wörter mit vorangestellten Wortbausteinen stehen im Wörterbuch, aber nicht alle. Wenn du eins nicht findest, dann suche nach dem Grundwort.

ver|schmieren	→ suche	→ **schmieren**	
	Den Wortbaustein	**ver**	kennst du.
ent|laufen	→ suche	→ **laufen**	
	Den Wortbaustein	**ent**	kennst du.

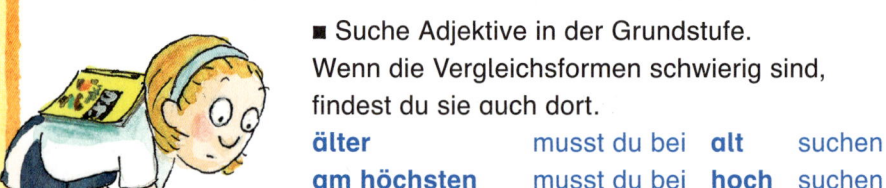

- Suche Adjektive in der Grundstufe. Wenn die Vergleichsformen schwierig sind, findest du sie auch dort.

älter	musst du bei	**alt**	suchen
am höchsten	musst du bei	**hoch**	suchen

■ Wenn du ein zusammengesetztes Adjektiv in deinem
Wörterbuch nicht findest, dann zerlege es und suche
beide Wörter.

| **eiskalt** | → suche | **Eis** | und suche | **kalt** |
| **grasgrün** | → suche | **Gras** | und suche | **grün** |

■ Gib nicht auf, wenn du ein Wort nicht gleich findest!
Manchmal liegt es daran, dass es für einen Laut verschiedene
Schreibmöglichkeiten gibt.

Vase	findest du bei	**V**	und nicht bei	**W**
Vogel	findest du bei	**V**	und nicht bei	**F**
Clown	findest du bei	**C**	und nicht bei	**K**
Qualle	findest du bei	**Q**	und nicht bei	**Kw**
Pharao	findest du bei	**Ph**	und nicht bei	**F**

Achte auf diese Zeichen:

bedeutet: Dieses Wort ist sehr schwierig zu finden, weil es am Wortanfang anders ausgesprochen als geschrieben wird.

bedeutet: Dieses Wort wird in der Umgangssprache häufig verwendet. Ob man es auch schreiben sollte, darüber kann man verschiedener Meinung sein.

→ bedeutet: Dieser Pfeil führt dich bei einigen Zeitwörtern zum Grundwort.

| bedeutet: Dieser Strich zeigt dir, wie ein Wort getrennt werden kann.

Aal

Aa
der **Aal**, die Aale
aalglatt
das **Aas**

Ab
ab
ab und zu
die **Ab|bil|dung,**
die Abbildungen
ab|blo|cken, du blockst ab
das **Abc**
der **Abend,** die Abende
am Abend
gestern Abend
das Abendessen
abends
eines Abends
Guten Abend!
das **Aben|teu|er,** die Abenteuer
abenteuerlich
der Abenteuerspielplatz
aber
der **Aber|glau|be**
abergläubisch
ab|fah|ren → fahren
die Abfahrt
abgefahren
der **Ab|fall,** die Abfälle
der **Ab|flug,** die Abflüge
der **Ab|fluss,** die Abflüsse
das **Ab|gas,** die Abgase
abgasfrei

ab|ge|här|tet
ab|ge|hetzt
der **Ab|ge|ord|ne|te,**
die Abgeordneten
die **Ab|ge|ord|ne|te,**
die Abgeordneten
der **Ab|grund,** die Abgründe
der **Ab|hang,** die Abhänge
ab|hän|gig
die Abhängigkeit
das **Abi|tur**
die **Ab|küh|lung,**
die Abkühlungen
die **Ab|kür|zung,**
die Abkürzungen
der **Ab|le|ger,** die Ableger
ab|leh|nen, du lehnst ab
die Ablehnung
ab|len|ken → lenken
die Ablenkung
die **Ab|ma|chung,**
die Abmachungen
sich **ab|mel|den** → melden
die Abmeldung
abon|nie|ren, du abonnierst
das Abonnement
ab|rech|nen → rechnen
die Abrechnung
ab|rei|sen → reisen
die Abreise
der **Ab|satz,** die Absätze
ab|scheu|lich
ab|schie|ben → schieben
die Abschiebung
der **Ab|schied**
Abschied nehmen
die Abschiedsfeier

Adler

ab|schlep|pen → schleppen
das Abschleppseil
ab|schlie|ßen → schließen
abschließend
der **Ab|schluss,** die Abschlüsse
der **Ab|schnitt,** die Abschnitte
ab|seits
er steht im Abseits
der **Ab|sen|der,** die Absender
absenden
die **Ab|sicht,** die Absichten
absichtlich
ab|so|lut
die **Ab|sper|rung,**
die Absperrungen
absperren
ab|stam|men, du stammst ab
die Abstammung
der **Ab|stand,** die Abstände
Abstand halten
der **Ab|ste|cher,** die Abstecher
ab|stel|len → stellen
das Abstellgleis
der **Ab|stieg**
ab|stim|men → stimmen
die Abstimmung
ab|stür|zen → stürzen
der Absturz
das **Ab|teil,** die Abteile
die **Ab|tei|lung,** die Abteilungen
ab|trock|nen, du trocknest ab
ab|wärts
ab|wa|schen → waschen
der Abwasch
abwaschbar
ab|wech|seln → wechseln
abwechselnd

ab|weh|ren → wehren
die Abwehr
ab|we|send
das **Ab|zei|chen,** die Abzeichen
die **Ab|zwei|gung,**
die Abzweigungen

Ac

Ach!
die **Ach|se,** die Achsen
die **Ach|sel,** die Achseln
die Achselhöhle
mit den Achseln zucken
acht
der Achte, die Achte
die Achterbahn
achtmal
achtzehn
achtzig
ach|ten, du achtest
achtgeben
sich in Acht nehmen
äch|zen, du ächzt
der **Acker,** die Äcker
die **Ac|tion** ⚠
der Actionfilm

Ad

ad|die|ren, du addierst
die Addition
der **Adel**
adelig oder: adlig
die **Ader,** die Adern
das Äderchen
das **Ad|jek|tiv,** die Adjektive
der **Ad|ler,** die Adler
der Adlerhorst

9

a

adoptieren

adop|tie|ren, du adoptierst
die Adoption
die Adoptiveltern

die **Ad|res|se,** die Adressen
adressieren

der **Ad|vent**
der Adventskalender
die Adventszeit

die Adoptiveltern

Af

der **Af|fe,** die Affen
Af|ri|ka
afrikanisch

der **Af|ter**

Ag

die **AG,** die AGs
(die Arbeitsgemeinschaft)
ag|res|siv

die **Ägyp|ter**
ägyptisch

Ah

ah|nen, du ahnst
die Ahnung
ahnungslos
ähn|lich
die Ähnlichkeit

der **Ahorn,** die Ahorne
die **Äh|re,** die Ähren

Ai

Aids
der **Air|bag,** die Airbags

Ak

der **Ak|kord,** die Akkorde

das **Ak|kor|de|on,**
die Akkordeons
der **Ak|ku,** die Akkus
der Akkumulator
der **Ak|ku|sa|tiv**
die **Ak|ne**
der **Ak|ro|bat,** die Akrobaten
akrobatisch
die **Ak|ro|ba|tin,**
die Akrobatinnen
der **Akt,** die Akte
der erste Akt
die **Ak|te,** die Akten
die Aktentasche
die **Ak|tie,** die Aktien
die **Ak|ti|on,** die Aktionen
ak|tiv
ak|tu|ell
akut

Al

der **Alarm,** die Alarme
die Alarmanlage
alarmieren
Al|ba|ni|en
albanisch
al|bern

der **Alb|traum,** die Albträume

anbauen

das **Al|bum,** die Alben
die **Al|ge,** die Algen
das **Ali|bi,** die Alibis
der **Al|ko|hol**
   alkoholabhängig
   alkoholfrei
das **All**
   Al|lah
   al|le, alles
   alle beide
   vor allem
   am allerbesten
   das Allerletzte
   alles andere
die **Al|lee,** die Alleen
   al|lein
   allein lassen
   alleinerziehend
   al|ler|dings
die **Al|ler|gie,** die Allergien
   allergisch
   al|ler|lei
   all|ge|mein
der **Al|li|ga|tor,** die Alligatoren
   all|mäh|lich
der **All|tag**
   alltäglich
   all|zu
   allzu gern
die **Alm,** die Almen
das **Al|mo|sen,** die Almosen
die **Al|pen**
   die Schweizer Alpen
das **Al|pha|bet,** die Alphabete
   alphabetisch
der **Alp|traum,** die Alpträume
   als

   als ob
   al|so
   alt, älter, am ältesten
   Alt und Jung
   das Alter
   altmodisch
   das Altpapier
der **Al|tar,** die Altäre
das **Al|ter|tum**
das **Alu|mi|ni|um**
   die Alufolie

Am
   am (an dem)
   am Haus
der **Ama|teur,** die Amateure
die **Ama|teu|rin,**
   die Amateurinnen
die **Am|bu|lanz,** die Ambulanzen
   am|bu|lant
die **Amei|se,** die Ameisen
   der Ameisenhaufen
   Ame|ri|ka
   amerikanisch
der **Amok**
   Amok laufen
die **Am|pel,** die Ampeln
die **Am|sel,** die Amseln
das **Amt,** die Ämter
   amtlich

An
   an
die **Ana|nas,** die Ananas
   oder: Ananasse
   an|bau|en → bauen
   der Anbau

Anblick

der **An|blick,** die Anblicke
die **An|dacht**
andächtig
an|dau|ernd
das **An|den|ken,** die Andenken
an|de|re oder: andre,
anderer, anderes
alles andere
kein anderer
etwas anderes
an|de|rer|seits
än|dern, du änderst
die Änderung
an|ders
anders sein
jemand anders
der **An|drang**
an|dro|hen → drohen
die Androhung
an|ei|nan|der
aneinanderlegen
die **Ane|mo|ne,** die Anemonen
die **An|er|ken|nung**
anerkennen
an|fah|ren → fahren
die Anfahrt
der **An|fall,** die Anfälle
anfällig

an|fan|gen, du fängst an,
er fing an, sie hat
angefangen
der Anfang
der Anfänger,
die Anfängerin
anfangs
der Anfangsbuchstabe
sich **an|freun|den,** du freundest
dich an
an|füh|ren → führen
der Anführer, die Anführerin
das Anführungszeichen
an|ge|ben, du gibst an,
er gab an, sie hat
angegeben
der Angeber, die Angeberin
angeberisch
an|geb|lich
das **An|ge|bot,** die Angebote
der **An|ge|hö|ri|ge,**
die Angehörigen
die **An|ge|hö|ri|ge,**
die Angehörigen
an|geln, du angelst
die Angel
der Angelhaken
der Angler, die Anglerin

die Angst

anstecken

	an|ge|nehm
	an|ge|spannt
der	An|ge|stell|te, die Angestellten
die	An|ge|stell|te, die Angestellten
die	An|ge|wohn|heit, die Angewohnheiten
	sich angewöhnen
die	An|gi|na
	an|grei|fen, du greifst an, er griff an, sie hat angegriffen
	der Angreifer, die Angreiferin
der	An|griff, die Angriffe
	angriffslustig
die	Angst, die Ängste
	Angst haben
	angst und bange sein
	ängstlich
	an|hal|ten → halten
	der Anhalter, die Anhalterin
der	An|hän|ger, die Anhänger
	an|häng|lich
der	An|ker, die Anker
	vor Anker gehen
	an|kla|gen → klagen
	der Angeklagte, die Angeklagte
	an|kreu|zen, du kreuzt an
die	An|kunft
	die Ankunftszeit
die	An|la|ge, die Anlagen
der	An|lass, die Anlässe
	anlässlich
	an|las|sen, du lässt an, er ließ an, sie hat angelassen
der	An|lauf, die Anläufe
	Anlauf nehmen
sich	an|mel|den → melden
	das Anmeldeformular
	die Anmeldung
die	An|nah|me, die Annahmen
	annehmen
die	An|non|ce, die Annoncen
	annoncieren
der	Ano|rak, die Anoraks
der	An|pfiff
die	An|re|de, die Anreden
	an|ru|fen → rufen
	der Anruf
	der Anrufbeantworter (AB)
	ans (an das)
	an|sa|gen → sagen
	der Ansager, die Ansagerin
	an|schei|nend
	an|schlie|ßend
der	An|schluss, die Anschlüsse
sich	an|schmie|gen, du schmiegst dich an
	anschmiegsam
sich	an|schnal|len, du schnallst dich an
	an|schnau|zen, du wirst angeschnauzt
die	An|schrift, die Anschriften
die	An|sicht, die Ansichten
	die Ansichtskarte
	an|stän|dig
	an|statt
	an|ste|cken, du steckst an
	sich anstecken
	ansteckend
	die Ansteckungsgefahr

anstiften

an|stif|ten, du stiftest an
der Anstifter, die Anstifterin
an|sto|ßen → stoßen
sich an|stren|gen, du strengst
dich an
anstrengend
die Anstrengung
die **Ant|ark|tis**
die **An|ten|ne,** die Antennen
an|tik
die Antike
die **An|ti|lo|pe,** die Antilopen
der **An|trag,** die Anträge
der **An|trieb**
die **Ant|wort,** die Antworten
antworten
an|wen|den, du wendest an,
er wandte an
oder: er wendete an,
sie hat angewandt
oder: sie hat angewendet
an|we|send
die Anwesenheit
die **An|zahl**
das **An|zei|chen,** die Anzeichen
die **An|zei|ge,** die Anzeigen
anzeigen
an|zie|hen, du ziehst an,
er zog an, sie hat
angezogen
sich anziehen
die Anziehungskraft
der **An|zug,** die Anzüge
an|zün|den → zünden

Ap

der **Ap|fel,** die Äpfel

der Apfelbaum
die **Ap|fel|si|ne,** die Apfelsinen
die **Apo|the|ke,** die Apotheken
die **App,** die Apps
der **Ap|pa|rat,** die Apparate
der **Ap|pell,** die Appelle
appellieren
der **Ap|pe|tit**
appetitlich
appetitlos
der **Ap|plaus**
applaudieren
die **Ap|ri|ko|se,** die Aprikosen
der **Ap|ril**

Aqu

das **Aqua|ri|um,** die Aquarien
der **Äqua|tor**

Ar

die **Ar|beit,** die Arbeiten
arbeiten
der Arbeiter, die Arbeiterin
arbeitslos
die Arbeitslosigkeit
der Arbeitsplatz
die **Ar|chäo|lo|gie**
der **Ar|chi|tekt,** die Architekten
die **Ar|chi|tek|tin,**
die Architektinnen
är|gern, du ärgerst ihn
sich ärgern
der Ärger
ärgerlich
das Ärgernis
das **Ar|gu|ment,** die Argumente
argumentieren

die Astronautin

Attest

der **As|phalt**
asphaltieren
das **Ass,** die Asse
der **Ast,** die Äste
die Astgabel
die **As|ter,** die Astern
das **Asth|ma**
der Asthmaanfall

die **Ark|tis**
arm, ärmer, am ärmsten
ärmlich
die Armut
Arm und Reich
der **Arm,** die Arme
die **Ar|ma|tur,** die Armaturen
das Armaturenbrett
der **Är|mel,** die Ärmel
ärmellos
das **Aro|ma,** die Aromen
aromatisch
ar|ro|gant
die **Art,** die Arten
die Art und Weise
der **Ar|ti|kel,** die Artikel
die **Ar|ti|scho|cke,**
die Artischocken
der **Ar|tist,** die Artisten
die **Ar|tis|tin,** die Artistinnen
die **Arz|nei,** die Arzneien
der **Arzt,** die Ärzte
der Arzttermin
die **Ärz|tin,** die Ärztinnen

As
die **Asche**
Asi|en
asiatisch

der **As|tro|naut,** die Astronauten
die **As|tro|nau|tin,**
die Astronautinnen
das **A|syl**
der Asylantrag
asylberechtigt

At
das **Ate|lier,** die Ateliers
der **Atem**
außer Atem sein
atemlos
der **Ath|let,** die Athleten
die **Ath|le|tin,** die Athletinnen
der **At|lan|tik**
der Atlantische Ozean
der **At|las,** die Atlasse
oder: Atlanten
at|men, du atmest
die Atmung
die **At|mos|phä|re**
das **Atom,** die Atome
die Atomenergie
das Atomkraftwerk
das **At|ten|tat,** die Attentate
der Attentäter,
die Attentäterin
das **At|test,** die Atteste

15

Attraktion

die **At|trak|ti|on,**
die Attraktionen
attraktiv
ät|zend

Au

die **Au|ber|gi|ne,**
die Auberginen
auch
auf
auf einmal
auf und ab
auf und davon
auf|be|wah|ren,
du bewahrst auf
auf|brau|send
auf|dring|lich
auf|ei|nan|der
aufeinander hören
aufeinanderlegen
der **Auf|ent|halt,** die Aufenthalte
die Aufenthalts-
genehmigung

aufregend

auf|fah|ren → fahren
die Auffahrt
auf|fal|len, du fällst auf,
er fiel auf, sie ist aufgefallen
auffallend
auffällig
auf|for|dern → fordern
die Aufforderung
auf|füh|ren, du führst auf
die Aufführung
die **Auf|ga|be,** die Aufgaben
der **Auf|gang,** die Aufgänge
auf|ge|ben, du gibst auf,
er gab auf, sie hat
aufgegeben
auf|ge|kratzt
auf|ge|räumt
auf|ge|regt
auf|hän|gen, du hängst auf
der Aufhänger
auf|hö|ren, du hörst auf
die **Auf|klä|rung,**
aufklären
aufgeklärt
auf|kle|ben → kleben
der Aufkleber
auf|la|den → laden
die **Auf|lö|sung,**
die Auflösungen
auf|merk|sam
die Aufmerksamkeit
die **Auf|nah|me,** die Aufnahmen
die Aufnahmeprüfung
auf|pas|sen, du passt auf
auf|pral|len → prallen
der Aufprall
auf|räu|men, du räumst auf

auseinander

	auf|recht
	aufrecht sitzen
	auf|re|gen, du regst mich auf
	sich aufregen
	aufgeregt
	aufregend
	die Aufregung
der	**Auf|ruhr**
	aufs (auf das)
	auf|säs|sig
der	**Auf|satz,** die Aufsätze
der	**Auf|schnitt**
der	**Auf|schub,** die Aufschübe
das	**Auf|se|hen**
	Aufsehen erregen
die	**Auf|sicht**
	auf|sta|cheln,
	du stachelst auf
der	**Auf|stand,** die Aufstände
der	**Auf|stieg**
	auf|tei|len → teilen
	die Aufteilung
der	**Auf|trag,** die Aufträge
	auf|tre|ten, du trittst auf,
	er trat auf, sie ist aufgetreten
der	**Auf|trieb**
der	**Auf|tritt,** die Auftritte
der	**Auf|wand**
	aufwändig oder: aufwendig
	auf|wärts
	aufwärtsfahren
	Auf Wie|der|se|hen!
	auf|zäh|len, du zählst auf
	die Aufzählung
	auf|zeich|nen,
	du zeichnest auf
	die Aufzeichnung
der	**Auf|zug,** die Aufzüge
das	**Au|ge,** die Augen
der	Augapfel
	die Augenbraue
	das Augenlid
	augenzwinkernd
der	**Au|gen|blick,**
	die Augenblicke
	augenblicklich
der	**Au|gust**
die	**Auk|ti|on,** die Auktionen
	aus
	aus|bes|sern,
	du besserst aus
die	**Aus|beu|tung**
	ausbeuten
die	**Aus|bil|dung,**
	die Ausbildungen
	ausbilden
	der Ausbildungsplatz
	der Auszubildende (Azubi),
	die Auszubildende
der	**Aus|blick,** die Ausblicke
	aus|bre|chen, du brichst aus,
	er brach aus, sie ist
	ausgebrochen
	der Ausbrecher,
	die Ausbrecherin
der	**Aus|bruch,** die Ausbrüche
die	**Aus|dau|er**
	ausdauernd
der	**Aus|druck,** die Ausdrücke
	ausdrücken
	ausdrücklich
	ausdrucksvoll
	aus|ei|nan|der
	die Auseinandersetzung

Ausfahrt

die **Aus|fahrt,** die Ausfahrten
aus|fal|len, die Stunde fällt aus, sie fiel aus, sie ist ausgefallen
aus|flip|pen, du flippst aus
der **Aus|flug,** die Ausflüge
das Ausflugsziel
aus|führ|lich
die **Aus|ga|be,** die Ausgaben
der **Aus|gang,** die Ausgänge
aus|ge|fal|len
aus|ge|rech|net
aus|ge|stopft
aus|ge|wach|sen
aus|ge|zeich|net
aus|gie|big
die **Aus|gra|bung,**
die Ausgrabungen
die **Aus|hil|fe,** die Aushilfen
die **Aus|kunft,** die Auskünfte
das **Aus|land**
der Ausländer,
die Ausländerin
ausländisch
aus|las|sen, du lässt aus, er ließ aus, sie hat ausgelassen
der **Aus|laut,** die Auslaute
aus|lee|ren, du leerst aus
aus|lei|hen → leihen
die Ausleihe
die **Aus|lo|sung,**
die Auslosungen
auslosen
die **Aus|nah|me,**
die Ausnahmen
ausnahmsweise

der **Aus|puff,** die Auspuffe
aus|ras|ten, du rastest aus
die **Aus|re|de,** die Ausreden
aus|rei|chend
die **Aus|rei|se**
ausreisen
aus|rei|ßen, du reißt aus, er riss aus, sie ist ausgerissen
der Ausreißer,
die Ausreißerin
der **Aus|ritt,** die Ausritte
aus|ru|fen → rufen
der Ausruf
der Ausrufesatz
das Ausrufezeichen
sich **aus|ru|hen,** du ruhst dich aus
ausgeruht
die **Aus|rüs|tung,**
die Ausrüstungen
die **Aus|saat**
aussäen
die **Aus|sa|ge,** die Aussagen
aussagen
der Aussagesatz
aus|schei|den, du scheidest aus, er schied aus, sie ist ausgeschieden
oder: sie hat ausgeschieden
die Ausscheidung
der **Aus|schlag,** die Ausschläge
aus|schlie|ßen, du schließt aus, er schloss aus, sie hat ausgeschlossen
ausschließlich
der **Aus|schnitt,** die Ausschnitte
aus|se|hen → sehen

Auszug

au|ßen
von außen
der Außenseiter,
die Außenseiterin
au|ßer
außerdem
außergewöhnlich
außerhalb
außerirdisch
außerordentlich
äu|ßer|lich
sich **äu|ßern,** du äußerst dich
die Äußerung
die **Aus|sicht,** die Aussichten
aussichtslos
sich **aus|söh|nen,**
du söhnst dich aus
die Aussöhnung
die **Aus|spra|che,**
die Aussprachen
die **Aus|stat|tung,**
die Ausstattungen
aus|stei|gen → steigen
der Aussteiger,
die Aussteigerin

ausgefallen

die **Aus|stel|lung,**
die Ausstellungen
ausstellen
Aus|tra|li|en
australisch
aus|trick|sen,
du trickst aus
der **Aus|ver|kauf**
ausverkauft
aus|wäh|len → wählen
die Auswahl
aus|wan|dern,
du wanderst aus
der Auswanderer,
die Auswanderin
aus|wärts
das Auswärtsspiel
aus|wech|seln → wechseln
die Auswechslung
der **Aus|weg,** die Auswege
ausweglos
der **Aus|weis,** die Ausweise
die Ausweiskontrolle
aus|wen|dig
auswendig lernen
aus|wer|ten, du wertest aus
die Auswertung
die **Aus|wir|kung,**
die Auswirkungen
die **Aus|zah|lung,**
die Auszahlungen
die **Aus|zeich|nung,**
die Auszeichnungen
aus|zie|hen, du ziehst aus, er
zog aus, sie ist ausgezogen
sich ausziehen
der **Aus|zug,** die Auszüge

Auto

- das **Au|to,** die Autos
- Auto fahren
- die Autobahn
- der Autounfall
- das **Au|to|gramm,** die Autogramme
- der **Au|to|mat,** die Automaten
- automatisch
- der **Au|tor,** die Autoren
- die **Au|to|rin,** die Autorinnen

Av

- die **Avo|ca|do,** die Avocados

Ax

- die **Axt,** die Äxte

Ba

- das **Ba|by,** die Babys 💬❗
- der **Bach,** die Bäche
- die **Ba|cke,** die Backen
- der Backenzahn
- **ba|cken,** du backst
- oder: du bäckst
- der Bäcker, die Bäckerin
- die Bäckerei
- der Backofen
- das **Bad,** die Bäder
- der Badeanzug
- die Badehose
- baden
- die Badewanne
- das Badezimmer

Ba|den-Würt|tem|berg
- der **Bag|ger,** die Bagger
- baggern
- der Baggersee
- die **Ba|guette** oder:
- das Baguette, die Baguettes
- die **Bahn,** die Bahnen
- der Bahnhof
- der Bahnsteig
- die **Bah|re,** die Bahren
- die **Bak|te|rie,** die Bakterien
- **ba|lan|cie|ren,** du balancierst
- die Balance
- **bald**
- der **Bal|ken,** die Balken
- der **Bal|kon,** die Balkons
- oder: Balkone
- der **Ball,** die Bälle
- Ball spielen
- das Ballspiel
- das **Bal|lett**
- der Balletttänzer,
- die Balletttänzerin
- der **Bal|lon,** die Ballons
- oder: Ballone
- die Ballonfahrt
- der **Bam|bus**
- die **Ba|na|ne,** die Bananen
- das **Band** (zum Binden), die Bänder
- der **Band** (Buch), die Bände
- die **Band** (Musikgruppe), 💬❗ die Bands
- die **Ban|da|ge,** die Bandagen
- die **Ban|de,** die Banden
- **bän|di|gen,** du bändigst
- der **Ban|dit,** die Banditen

Be|din|gung

die	**Bank** (Sitzgelegenheit), die Bänke		der	**Bauch,** die Bäuche bäuchlings
die	**Bank** (Geldinstitut), die Banken		der	der Bauchnabel

die **Bank** (Sitzgelegenheit),
    die Bänke
die **Bank** (Geldinstitut),
    die Banken
    das Bankkonto
    der Banküberfall
    bar
    bar bezahlen
    das Bargeld
die **Bar,** die Bars
der **Bär,** die Bären
    der Bärenhunger
    bärenstark
    bar|fuß
    barm|her|zig
die **Bar-Miz|wa**
das **Ba|ro|me|ter,** die Barometer
der **Bar|ren,** die Barren
der **Barsch,** die Barsche
der **Bart,** die Bärte
    bärtig
der **Ba|sar,** die Basare
das **Ba|si|li|kum**
der **Bas|ket|ball,** die Basketbälle
    Basketball spielen
der **Bass,** die Bässe
der **Bast**
    bas|teln, du bastelst
    die Bastelei
die **Ba|tik,** die Batiken
    batiken
die **Bat|te|rie,** die Batterien
der **Bau** (Tierhöhle), die Baue
der **Bau** (Gebäude), die Bauten
    der Bauarbeiter,
    die Bauarbeiterin
    die Baustelle

der **Bauch,** die Bäuche
    bäuchlings
    der Bauchnabel
    das Bauchweh
    bau|en, du baust
    baufällig
der **Bau|er,** die Bauern
    der Bauernhof
die **Bäu|e|rin,** die Bäuerinnen
der **Baum,** die Bäume
    die Baumkrone
    baumlang
    der Baumstamm
    bau|meln, du baumelst
die **Baum|wol|le**
    Bay|ern
die **Ba|zar,** die Bazare
die **Ba|zil|le,** die Bazillen

Be

    be|ach|ten, du beachtest
der **Be|am|te,** die Beamten
die **Be|am|tin,** die Beamtinnen
    be|at|men → atmen
    die Beatmung
    be|ben, die Erde bebt
der **Be|cher,** die Becher
das **Be|cken,** die Becken
    be|däch|tig
    be|dau|ern, du bedauerst
    bedauerlich
die **Be|deu|tung,**
    die Bedeutungen
    bedeuten
    bedeutend
die **Be|din|gung,**
    die Bedingungen

21

bedrohen

behaglich

be|dro|hen → drohen
bedrohlich
die Bedrohung
das **Be|dürf|nis**, die Bedürfnisse
be|ein|flus|sen,
du beeinflusst
be|en|den, du beendest
die **Be|er|di|gung,**
die Beerdigungen
beerdigen
die **Bee|re,** die Beeren
das **Beet,** die Beete
be|feh|len, du befiehlst,
er befahl, sie hat befohlen
der Befehl
be|fes|ti|gen, du befestigst
be|för|dern, du beförderst
die Beförderung
be|frei|en, du befreist
sich befreien
die Befreiung
be|freun|det
be|frie|di|gend
be|fruch|ten, das Ei
wird befruchtet
die Befruchtung
be|gabt
die Begabung

be|geg|nen, du begegnest
die Begegnung
be|geis|tert
sich begeistern
die Begeisterung
be|gin|nen, du beginnst,
er begann, sie hat
begonnen
der Beginn
be|glei|ten, du begleitest
der Begleiter,
die Begleiterin
be|gra|ben → graben
das Begräbnis
be|grei|fen, du begreifst,
er begriff, sie hat begriffen
der **Be|griff,** die Begriffe
be|grün|den, du begründest
die Begründung
be|grü|ßen, du begrüßt
die Begrüßung
be|haart
be|hag|lich
be|hal|ten, du behältst,
er behielt, sie hat behalten
der **Be|häl|ter,** die Behälter
be|han|deln, du behandelst
die Behandlung

benutzen

be|haup|ten, du behauptest
die Behauptung
be|herr|schen → herrschen
sich beherrschen
die Beherrschung
be|hilf|lich
be|hin|dert
der Behinderte,
die Behinderte
die Behinderung
die Be|hör|de, die Behörden
be|hut|sam
die Behutsamkeit
bei
die Beich|te, die Beichten
beichten
bei|de, beides
alle beide
bei|ei|nan|der
der Bei|fah|rer, die Beifahrer
die Bei|fah|re|rin,
die Beifahrerinnen
der Bei|fall
beige
das Beil, die Beile
beim (bei dem)
beim Spielen
das Bein, die Beine
bei|nah oder: beinahe
bei|sei|te
das Bei|spiel, die Beispiele
zum Beispiel (z. B.)
bei|ßen, du beißt, er biss,
sie hat gebissen
die Beißzange
be|kannt
die Bekanntschaft

die Be|klei|dung
be|kom|men, du bekommst,
er bekam, sie hat
bekommen
der Be|lag, die Beläge
die Be|läs|ti|gung,
die Belästigungen
belästigen
be|lei|di|gen, du beleidigst
beleidigt
die Beleidigung
die Be|leuch|tung
Bel|gi|en
belgisch
be|liebt
bel|len, der Hund bellt
be|loh|nen, du belohnst
die Belohnung
be|ma|len → malen
die Bemalung
be|mer|ken → merken
die Bemerkung
sich be|mü|hen, du bemühst dich
be|nach|rich|ti|gen,
du benachrichtigst
die Benachrichtigung
sich be|neh|men, du benimmst
dich, er benahm sich,
sie hat sich benommen
be|nei|den, du beneidest
beneidenswert
be|nö|ti|gen, du benötigst
die Be|no|tung, die Benotungen
benoten
be|nut|zen oder: benützen,
du benutzt oder: du benützt
die Benutzung

23

Benzin

das **Ben|zin**
    der Benzinkanister
    be|ob|ach|ten,
    du beobachtest
    die Beobachtung
    be|quem
    die Bequemlichkeit
    be|ra|ten → raten
    der Berater, die Beraterin
    die Beratung
der **Be|reich,** die Bereiche
    be|reit
    bereit sein
    be|reits
die **Be|reit|schaft**
    be|reu|en, du bereust
der **Berg,** die Berge
    bergab
    bergauf
    der Bergsteiger,
    die Bergsteigerin
    das Bergwerk
    be|rich|ten, du berichtest
    der Bericht
    be|rich|ti|gen, du berichtigst
    Ber|lin
    be|rück|sich|ti|gen,
    du berücksichtigst
der **Be|ruf,** die Berufe
    beruflich
    berufstätig
    be|ru|hi|gen, du beruhigst
    sich beruhigen
    be|rühmt
    die Berühmtheit
    be|rüh|ren, du berührst
    die Berührung

    be|schä|di|gen,
    du beschädigst
sich **be|schäf|tigen,**
    du beschäftigst dich
    beschäftigt
    die Beschäftigung
der **Be|scheid,** die Bescheide
    Bescheid sagen
    be|schei|den
    die Bescheidenheit
die **Be|schei|ni|gung,**
    die Bescheinigungen
die **Be|sche|rung,**
    die Bescherungen
    be|scheu|ert
    be|schimp|fen → schimpfen
    die Beschimpfung
    be|schleu|ni|gen,
    du beschleunigst
    die Beschleunigung
    be|schlie|ßen, du beschließt,
    er beschloss, sie hat
    beschlossen
der **Be|schluss,** die Beschlüsse
    be|schrei|ben,
    du beschreibst,
    er beschrieb, sie hat
    beschrieben
    die Beschreibung
    be|schul|di|gen,
    du beschuldigst
    die Beschuldigung
sich **be|schwe|ren,**
    du beschwerst dich
    die Beschwerde
der **Be|sen,** die Besen
    be|setzt

Betrag

be|sich|ti|gen, du besichtigst
die Besichtigung
sich be|sin|nen, du besinnst dich,
er besann sich, sie hat
sich besonnen
besinnungslos
be|sit|zen, du besitzt,
er besaß, sie hat besessen
der Besitz
der Besitzer, die Besitzerin
be|son|ders
be|sor|gen, du besorgst
die Besorgung
be|sorgt
bes|ser → gut
der Besserwisser,
die Besserwisserin
die **Be|stä|ti|gung,**
die Bestätigungen
bestätigen
die **Be|stäu|bung,**
die Bestäubungen
bestäuben

besetzt

be|ste|chen, du bestichst,
er bestach, sie hat
bestochen
bestechlich
die Bestechung
das **Be|steck,** die Bestecke
be|ste|hen, du bestehst,
er bestand, sie hat
bestanden
be|stel|len, du bestellst
die Bestellung
die **Bes|tie,** die Bestien
be|stim|men, du bestimmst
be|stimmt
be|stra|fen, du bestrafst
die Bestrafung
die **Be|strah|lung,**
die Bestrahlungen
bestrahlen
be|su|chen, du besuchst
der Besuch
der Besucher,
die Besucherin
die Besuchszeit
die **Be|täu|bung**
betäuben
betäubt
sich be|tei|li|gen,
du beteiligst dich
die Beteiligung
be|ten, du betest
der **Be|ton**
betonieren
be|to|nen, du betonst
die Betonung
be|trach|ten, du betrachtest
der **Be|trag,** die Beträge

betreuen

be|treu|en, du betreust
der Betreuer, die Betreuerin
die Betreuung
der **Be|trieb,** die Betriebe
das Betriebssystem
be|trof|fen
be|trü|gen, du betrügst,
er betrog, sie hat betrogen
der Betrug
der Betrüger, die Betrügerin
be|trun|ken
der Betrunkene,
die Betrunkene
das **Bett,** die Betten
bet|teln, du bettelst
der Bettler, die Bettlerin
sich **beu|gen,** du beugst dich
die **Beu|le,** die Beulen
be|ur|tei|len, du beurteilst
die Beurteilung
die **Beu|te**
der **Beu|tel,** die Beutel
die **Be|völ|ke|rung**
be|vor
be|vor|zu|gen, du bevorzugst
be|waff|net
be|wäs|sern, du bewässerst
das Feld
die Bewässerung

be|we|gen, du bewegst
sich bewegen
beweglich
die Bewegung
bewegungslos
be|wei|sen, du beweist,
er bewies, sie hat bewiesen
der Beweis
sich be|wer|ben, du bewirbst
dich, er bewarb sich,
sie hat sich beworben
die Bewerbung
die **Be|wer|tung,**
die Bewertungen
bewerten
be|wir|ten, du bewirtest
be|woh|nen → wohnen
der Bewohner,
die Bewohnerin
die **Be|wöl|kung**
bewölkt
be|wun|dern, du bewunderst
die Bewunderung
be|wusst
bewusstlos
das Bewusstsein
be|zah|len → zahlen
die Bezahlung
be|zau|bernd

Blase

die Blamage

die	**Be**|**zeich**|**nung,**
	die Bezeichnungen
	bezeichnen
der	**Be**|**zirk,** die Bezirke
der	**Be**|**zug,** die Bezüge

Bi

	bib|**bern,** du bibberst
ein	**biss**|**chen**
der	**Bi**|**ber,** die Biber
die	**Bi**|**bli**|**o**|**thek,**
	die Bibliotheken
	bie|**gen,** du biegst, er bog,
	sie hat gebogen
	biegsam
	die Biegung
die	**Bie**|**ne,** die Bienen
	der Bienenstock
das	**Bier,** die Biere
das	**Biest,** die Biester
	bie|**ten,** du bietest, er bot,
	sie hat geboten
der	**Bi**|**ki**|**ni,** die Bikinis
das	**Bild,** die Bilder
	der Bildschirm
	bil|**den,** du bildest
	sich bilden
	die Bildung
	bil|**lig**

ich	**bin** → sein
	bin|**den,** du bindest,
	er band, sie hat gebunden
	die Binde
	der Bindestrich
	der Bindfaden
	die Bindung
die	**Bio**|**lo**|**gie**
	biologisch
der	**Bio**|**markt,** die Biomärkte
das	**Bio**|**top,** die Biotope
die	**Bir**|**ke,** die Birken
die	**Bir**|**ne,** die Birnen
	bis
	bis jetzt
	bisher
der	**Bi**|**schof,** die Bischöfe
die	**Bi**|**schö**|**fin,** die Bischöfinnen
der	**Biss,** die Bisse
	bissig
ein	**biss**|**chen**
du	**bist** → sein
das	**Bit,** die Bits
	bit|**ten,** du bittest, er bat,
	sie hat gebeten
	die Bitte
	bit|**ter**
	bitterböse
	bitterkalt

Bl

die	**Blackbox,** die Blackboxes
	bla|**mie**|**ren,** du blamierst ihn
	sich blamieren
	die Blamage
	blank
die	**Bla**|**se,** die Blasen

blasen

bla|sen, du bläst, er blies,
sie hat geblasen
das Blasinstrument
blass
die Blässe
das **Blatt,** die Blätter
blättern
blau
die Farbe Blau
blauäugig
die Blaubeere
bläulich
das Blaulicht
das **Blech,** die Bleche
der Blechschaden
das **Blei**
bleifrei
bleischwer
blei|ben, du bleibst, er blieb,
sie ist geblieben
bleich
bleichen
der **Blei|stift,** die Bleistifte
blen|den, das Licht blendet
die Blende
bli|cken, du blickst
der Blick
die Blickrichtung
blind
der Blinde, die Blinde
der **Blind|darm**
die Blinddarmentzündung
die **Blind|schlei|che,**
die Blindschleichen
blin|ken, du blinkst
der Blinker
das Blinklicht

blin|zeln, du blinzelst
der **Blitz,** die Blitze
der Blitzableiter
blitzen
das Blitzlicht
blitzschnell
der **Block** (Felsblock),
die Blöcke
der **Block** (Schreibblock),
die Blocks oder: Blöcke
blo|ckie|ren, du blockierst
die Blockade
blöd oder: blöde
der Blödsinn
blödsinnig
blog|gen, du bloggst
das Blog oder: der Blog,
die Blogs
blond
bloß
blub|bern, es blubbert
bluf|fen, du bluffst
blü|hen, die Blume blüht
blühend

bohren

Brauerei

die **Blu|me,** die Blumen
das Blumenbeet
der Blumenstrauß
blumig
die **Blu|se,** die Blusen
blu|ten, du blutest
das Blut
das Blutgefäß
blutig
der Blutkreislauf
die Blutvergiftung
die **Blü|te,** die Blüten
der Blütenstaub

Bo

der **Bob,** die Bobs
die Bobbahn
der **Bock,** die Böcke
bockig
der **Bo|den,** die Böden
der **Bo|gen,** die Bogen
oder: Bögen
die **Boh|ne,** die Bohnen
boh|ren, du bohrst
der Bohrer
die Bohrmaschine
der **Boi|ler,** die Boiler ⟨!⟩
die **Bo|je,** die Bojen
die **Bom|be,** die Bomben
bombardieren
der **Bon,** die Bons ⟨!⟩
das **Bon|bon** ⟨!⟩
oder: der Bonbon,
die Bonbons
das **Boot,** die Boote
die Bootsfahrt
an **Bord** gehen

der **Bord|stein,** die Bordsteine
bor|gen, du borgst
die **Bör|se,** die Börsen
die **Bors|te,** die Borsten
die **Bö|schung,** die Böschungen
bö|se oder: bös
bösartig
der Bösewicht
boshaft
die Bosheit
Bos|ni|en und
Her|ze|go|wi|na
bosnisch-herzegowinisch
der **Boss,** die Bosse
der **Bo|te,** die Boten
die **Bo|tin,** die Botinnen
die **Bot|schaft,** die Botschaften ⟨!⟩
die **Bou|tique,** die Boutiquen
die **Box,** die Boxen
bo|xen, du boxt
der Boxer, die Boxerin
der Boxkampf
der **Boy,** die Boys ⟨!⟩

Br

der **Brand,** die Brände
die Brandstiftung
Bran|den|burg
die **Bran|dung**
bra|ten, du brätst, er briet,
sie hat gebraten
der Braten
die Bratkartoffeln
der **Brauch,** die Bräuche
brau|chen, du brauchst
brauchbar
die **Brau|e|rei,** die Brauereien

29

braun

braun
die **Brau|se**
die **Braut,** die Bräute
das Brautkleid
das Brautpaar
der **Bräu|ti|gam,** die Bräutigame
brav
bra|vo
bre|chen, du brichst,
er brach, sie hat gebrochen
der **Brei,** die Breie
breiig
breit
die Breite
der Breitengrad
Bre|men
brem|sen, du bremst
die Bremse
das Bremspedal
die Bremsspur
bren|nen, das Feuer brennt,
es brannte, es hat gebrannt
brennbar
die **Brenn|nes|sel,**
die Brennnesseln
das **Brett,** die Bretter
die **Bre|zel,** die Brezeln

der **Brief,** die Briefe
der Brieffreund,
die Brieffreundin
der Briefkasten
brieflich
die Briefmarke
der **Bril|lant,** die Brillanten
die **Bril|le,** die Brillen
das Brillenetui
brin|gen, du bringst,
er brachte, sie hat gebracht
die **Bri|se,** die Brisen
der **Broc|co|li,** die Broccoli
oder: die Broccolis
der **Bro|cken,** die Brocken
bröckelig oder: bröcklig
bröckeln
brockenweise
bro|deln, es brodelt
der **Brok|ko|li,** die Brokkoli
oder: die Brokkolis
die **Brom|bee|re,**
die Brombeeren
die **Bron|chi|tis**
die Bronchien
die **Bron|ze** ⚠️
die Bronzemedaille
die **Bro|sche,** die Broschen

Bund

die **Bro|schü|re,** die Broschüren
der **Brö|sel,** die Brösel
das **Brot,** die Brote
    das Brötchen
    der Brotkrümel
die **Brow|ser,** die Browser
der **Bruch,** die Brüche
    brüchig
    die Bruchlandung
die **Brü|cke,** die Brücken
der **Bru|der,** die Brüder
    brüderlich
die **Brü|he,** die Brühen
    der Brühwürfel
    brül|len, du brüllst
    brum|men, du brummst
    der Brummer
der **Brun|nen,** die Brunnen
die **Brust,** die Brüste
    das Brustschwimmen
    die Brustwarze
    brü|ten, die Henne brütet
    die Brut
    der Brutkasten
    bru|tal
    die Brutalität
    brut|zeln, das Fett brutzelt

Bu

der **Bub** oder: Bube, die Buben
das **Buch,** die Bücher
    die Bücherei
    die Buchhandlung
die **Bu|che,** die Buchen
    die Buchecker
die **Büch|se,** die Büchsen
    der Büchsenöffner

der **Buch|sta|be,** die Buchstaben
    buchstabieren
die **Bucht,** die Buchten
der **Bu|ckel,** die Buckel
    buckelig oder: bucklig
sich **bü|cken,** du bückst dich
    bud|deln, du buddelst
der **Bud|dhis|mus**
    buddhistisch
die **Bu|de,** die Buden
der **Büf|fel,** die Büffel
    die Büffelherde
der **Bü|gel,** die Bügel
    bü|geln, du bügelst
    das Bügeleisen
der **Bug|gy,** die Buggys
die **Büh|ne,** die Bühnen
Bul|ga|ri|en
    bulgarisch
der **Bul|le,** die Bullen
der **Bu|me|rang,** die Bumerangs
    oder: Bumerange
    bum|meln, du bummelst
der **Bums,** die Bumse
das **Bund** (Gebundenes),
    die Bunde
    das Bund Petersilie
der **Bund** (Vereinigung),
    die Bünde
    der Bundeskanzler,
    die Bundeskanzlerin
    das Bundesland
    die Bundesliga
    der Bundespräsident,
    die Bundespräsidentin
    die Bundesrepublik
    Deutschland

Bündel

das **Bün|del,** die Bündel
bündeln
das **Bünd|nis,** die Bündnisse
bunt
bunt gestreift
das Buntpapier
der Buntstift
die **Burg,** die Burgen
der Burggraben
der **Bur|ger,** die Burger
der **Bür|ger,** die Bürger
die Bürgerinitiative
der Bürgermeister,
die Bürgermeisterin
der Bürgersteig
die **Bür|ge|rin,** die Bürgerinnen
das **Bü|ro,** die Büros
der **Bur|sche,** die Burschen
die **Bürs|te,** die Bürsten
bürsten
der **Bus,** die Busse
der Busfahrer,
die Busfahrerin
die Bushaltestelle
die Buslinie
der **Busch,** die Büsche
buschig
das **Bü|schel,** die Büschel
der **Bu|sen,** die Busen
der **Bus|sard,** die Bussarde
bü|ßen, du büßt
das Bußgeld
die **But|ter**
butterweich
die **But|ter|blu|me,**
die Butterblumen
der **But|ton,** die Buttons

Ca

das **Ca|brio,** die Cabrios
das **Ca|fé,** die Cafés
cam|pen, du campst
der Campingplatz
der **Ca|ra|van,** die Caravans
cat|chen, du catchst

Cd

die **CD,** die CDs
die Compact Disc
oder: Compact Disk
der CD-Player
die **CD-ROM,** die CD-ROMs

Ce

das **Cel|lo,** die Cellos oder: Celli
Cel|si|us
10 Grad Celsius (10 °C)
der **Cent,** die Cents
das **Cen|ter,** die Center

Ch

das **Cha|mä|le|on,**
die Chamäleons
der **Cham|pig|non,**
die Champignons
der **Cham|pi|on,** die Champions
die **Chan|ce,** die Chancen
das **Cha|os**
chaotisch
der **Cha|rak|ter,** die Charaktere
charakteristisch

dabei

die **Charts**
chat|ten, du chattest
der Chatroom
che|cken, du checkst
die Checkliste
der **Chef,** die Chefs
die **Che|fin,** die Chefinnen
die **Che|mie**
chemisch
der **Chi|co|ree**
Chi|na
chinesisch
der **Chip,** die Chips
der **Chi|rurg,** die Chirurgen
die **Chi|rur|gin,** die Chirurginnen
das **Chlor**
der **Chor,** die Chöre
das **Chris|ten|tum**
der Christ, die Christin
christlich

Ci
cir|ca (ca.)
die **Ci|ty,** die Citys

Cl
cle|ver
die **Cli|que,** die Cliquen
der **Clown,** die Clowns
der **Club,** die Clubs

Co
das **Cock|pit,** die Cockpits
der **Code,** die Codes
die **Col|la|ge,** die Collagen
der **Co|mic,** die Comics
der **Com|pu|ter,** die Computer

der **Con|tai|ner,** die Container
contra
cool
die **Corn|flakes**
die **Couch,** die Couchs
oder: Couchen
der **Countdown**
oder: Count-down,
die Countdowns
oder: Count-downs
das **Cous|cous**
oder: der Couscous
der **Cou|sin,** die Cousins
die **Cou|si|ne,** die Cousinen
der **Cow|boy,** die Cowboys
das **Cow|girl,** die Cowgirls

Cr
die **Creme,** die Cremes
cremig
die **Crème,** die Crèmes
das **Crois|sant,** die Croissants

Cu
der **Cur|ry** oder: das Curry
die Currywurst
der **Cur|sor,** die Cursor

Da
da
da sein
dableiben
da|bei

Dach

das **Dach,** die Dächer
der Dachdecker,
die Dachdeckerin
der **Dachs,** die Dachse
da|durch
da|für
da|ge|gen
da|heim
da|her
da|hin
da|hin|ten
da|hin|ter
dahinterstecken
die **Dah|lie,** die Dahlien
da|mals
die **Da|me,** die Damen
da|mit
der **Damm,** die Dämme
die **Däm|me|rung**
dämmerig oder: dämmrig
der **Dampf,** die Dämpfe
dampfen
der Dampfer
die Dampfmaschine
da|nach
da|ne|ben
Dä|ne|mark
dänisch
Dan|ke!
dankbar
danken
das Dankeschön
dann
da|ran
da|rauf
daraufhin
da|raus

da|rin
der **Darm,** die Därme
dar|stel|len, du stellst dar
die Darstellung
da|rü|ber
da|rum
da|run|ter
darunterliegen
das
das Auto
dass
Ich weiß, dass ...
das|sel|be
die **Da|tei,** die Dateien
die **Da|ten**
die Datenbank
der **Da|tiv**
die **Dat|tel,** die Datteln
das **Da|tum,** die Daten
dau|ern, es dauert
dauernd
der Dauerauftrag
der **Dau|men,** die Daumen
da|von
das kommt davon
er ist davongekommen
da|vor
da|zu
dazugehören
da|zwi|schen

De

das **Deck,** die Decks
die **De|cke,** die Decken
in Deckung gehen
das Deckweiß
der **De|ckel,** die Deckel

Detektivin

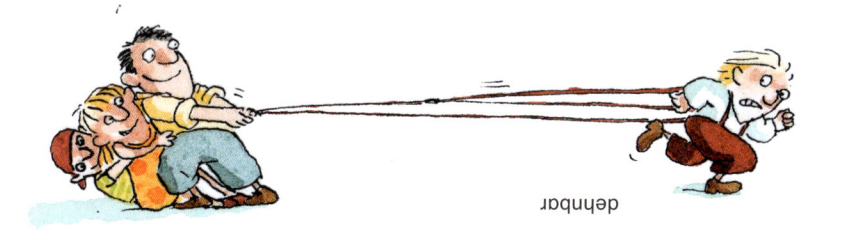

dehnbar

def|tig
deh|nen, du dehnst
dehnbar
die Dehnung
der **Deich,** die Deiche
der Deichbruch
die **Deich|sel,** die Deichseln
dein, deine, deiner
deinetwegen
de|ko|rie|ren, du dekorierst
die Dekoration
der **Del|fin,** die Delfine
die **De|li|ka|tes|se,**
die Delikatessen
der **Del|phin,** die Delphine
dem
neben dem Haus
dem|nächst
die **De|mo|kra|tie,**
die Demokratien
demokratisch
de|mons|trie|ren,
du demonstrierst
die Demonstration
demonstrativ
de|mü|tig
den
den Schirm öffnen
de|nen
bei denen

den|ken, du denkst,
er dachte, sie hat gedacht
denkfaul
der Denkzettel
das **Denk|mal,** die Denkmäler
denn
den|noch
das **Deo,** die Deos
das Deodorant
der
der Mond
derb
de|ren
Kinder, deren
Mütter schimpfen, ...
der|sel|be
des
das Buch des Jungen
des|halb
der **Desk|top,** die Desktops
des|sen
der Vogel, dessen
Schnabel rot ist, ...
das **Des|sert,** die Desserts
des|to
je eher, desto besser
des|we|gen
der **De|tek|tiv,** die Detektive
die **De|tek|ti|vin,**
die Detektivinnen

deuten

deu|ten, du deutest
deutlich
die Deutung
Deutsch|land
deutsch
Deutsch lernen
der Deutschunterricht
der **De|zem|ber**

Di

der **Di|a|be|ti|ker,** die Diabetiker
die **Di|a|be|ti|ke|rin,**
die Diabetikerinnen
die **Di|a|gno|se,** die Diagnosen
diagnostizieren
dia|go|nal
der **Di|a|lekt,** die Dialekte
der **Di|a|mant,** die Diamanten
die **Di|ät,** die Diäten
dich
ich liebe dich
dicht
dicht gedrängt
dichthalten
die Dichtung
dich|ten, du dichtest
der Dichter, die Dichterin
dick
durch dick und dünn
das Dickicht
der Dickkopf
die
die Sonne
der **Dieb,** die Diebe
der Diebstahl
die **Die|bin,** die Diebinnen
die **Die|le,** die Dielen

die|nen, du dienst
der **Dienst,** die Dienste
der **Diens|tag,** die Dienstage
am Dienstag
am Dienstagabend
dienstags
dies
diesmal
der **Die|sel**
der Dieselmotor
die|sel|be
die|se, dieser, dieses
die|sig
die **Dif|fe|renz,** die Differenzen
di|gi|tal
die Digitalkamera
die Digitaluhr
das **Dik|tat,** die Diktate
diktieren
die **Dik|ta|tur,** die Diktaturen
der Diktator, die Diktatorin
das **Ding,** die Dinge
der **Din|kel**
der **Di|no|sau|ri|er,**
die Dinosaurier
di|plo|ma|tisch
dir
ich vertraue dir
di|rekt
der **Di|rek|tor,** die Direktoren
die **Di|rek|to|rin,**
die Direktorinnen
di|ri|gie|ren, du dirigierst
der Dirigent, die Dirigentin
das **Dirndl,** die Dirndln
die **Dis|co,** die Discos
der Discjockey (DJ)

dort

- die **Dis|ko,** die Diskos
  - die Diskothek
  - der Diskjockey (DJ)
- die **Dis|kri|mi|nie|rung,**
  - die Diskriminierungen
  - diskriminieren
- die **Dis|kus|si|on,**
  - die Diskussionen
  - diskutieren
- das **Dis|play,** die Displays
  - **dis|qua|li|fi|zie|ren,** jemand wird disqualifiziert
- die **Dis|tanz,** die Distanzen
- die **Dis|tel,** die Disteln
- die **Dis|zi|plin**
  - diszipliniert
  - **di|vi|die|ren,** du dividierst
  - die Division

Do
- doch
- der **Docht,** die Dochte
- der **Dok|tor,** die Doktoren
- die **Dok|to|rin,** die Doktorinnen
- das **Do|ku|ment,** die Dokumente
- der **Dolch,** die Dolche
- der **Dol|lar,** die Dollars
- der **Dol|met|scher,** die Dolmetscher
- die **Dol|met|sche|rin,** die Dolmetscherinnen
- der **Dom,** die Dome
- das **Do|mi|no,** die Dominos
- der **Domp|teur,** die Dompteure
- die **Domp|teu|rin,** die Dompteurinnen
- die **Do|nau**
- der **Dö|ner Ke|bab,** die Döner Kebabs
- der **Don|ner,** die Donner
  - donnern
- der **Don|ners|tag**
  - am Donnerstag
  - am Donnerstagabend
  - donnerstags
- **doof**
- das **Do|ping**
- **dop|pelt**
  - doppelt so viel
  - das Doppelte
- das **Dorf,** die Dörfer
- der **Dorn,** die Dornen
- **dort**
  - dortbleiben
  - dorthin

der Dirigent

Dose

die **Do|se,** die Dosen
der Dosenöffner
down|loa|den,
du downloadest,
er downloadet,
sie hat downgeloadet

Dr

der **Dra|che** (Fabeltier),
die Drachen
der **Dra|chen** (Spielzeug),
die Drachen
der **Draht,** die Drähte
das **Dra|ma,** die Dramen
dramatisch
dran (daran)
drankommen
drän|geln, du drängelst
die Drängelei
drän|gen, du drängst
drauf (darauf)
gut drauf sein
drau|ßen
der **Dreck**
dreckig
dre|hen, du drehst
der Drehwurm
drei
eine Drei schreiben
dreimal
dreißig
dreizehn

das **Drei|eck,** die Dreiecke
dreieckig
Dres|den
dres|sie|ren, du dressierst
die Dressur
drib|beln, du dribbelst
drin (darin)
drinbleiben
drin|gend
drin|nen
drit|tens
zu dritt
der Dritte, die Dritte
das Drittel
zum dritten Mal
die **Dro|ge,** die Drogen
drogenabhängig
die **Dro|ge|rie,** die Drogerien
dro|hen, du drohst
die Drohung
dröh|nen, der Motor dröhnt
drol|lig
die **Dros|sel,** die Drosseln
drü|ben
dru|cken, du druckst
der Druck
der Drucker
die Druckerei
die Druckschrift
drü|cken, du drückst
sich drücken
drun|ter (darunter)
drunter und drüber

das Drama

Dyskalkulie

Ds
der **Dschun|gel**

Du
du
der **Dü|bel**, die Dübel
sich **du|cken,** du duckst dich
der **Duft,** die Düfte
    duften
    dumm, dümmer,
    am dümmsten
    die Dummheit
    dumpf
die **Dü|ne,** die Dünen
der **Dün|ger,** die Dünger
    dun|kel
    dunkelblau
    die Dunkelheit
    dünn
der **Dunst,** die Dünste
    dünsten
das **Duo,** die Duos
    durch
    durchaus
der **Durch|blick**
    durchblicken
    durch|dre|hen,
    du drehst durch
    durch|ei|nan|der
der **Durch|fall,** die Durchfälle

der **Durch|gang,**
    die Durchgänge
    durchgehend
    durch|läs|sig
der **Durch|mes|ser,**
    die Durchmesser
die **Durch|sa|ge,** die Durchsagen
der **Durch|schnitt,**
    die Durchschnitte
    durchschnittlich
    durch|sich|tig
der **Durch|zug**
    dür|fen, du darfst, er durfte,
    sie hat gedurft
    dürr
    die Dürre
der **Durst**
    durstig
    du|schen, du duschst
    die Dusche
die **Dü|se,** die Düsen
    das Düsenflugzeug
    der Düsenjäger
    Düs|sel|dorf
    düs|ter
das **Dut|zend,** die Dutzende
sich **du|zen,** du duzt ihn

Dv
die **DVD,** die DVDs
    der DVD-Player

Dy
    dy|na|misch
das **Dy|na|mit**
der **Dy|na|mo,** die Dynamos
die **Dys|kal|ku|lie**

Ebbe

Eb
die **Eb|be,** die Ebben
Ebbe und Flut
eben
die **Ebe|ne,** die Ebenen
eben|falls
der **Eber,** die Eber

Ec
das **Echo,** die Echos
echt
die Echtheit
die **Ecke,** die Ecken
eckig
der Eckzahn

Ed
edel
der **Edel|stein,** die Edelsteine

Ef
der **Efeu**
der **Ef|fekt,** die Effekte

Eg
egal
ego|is|tisch
der Egoist, die Egoistin

Eh
die **Ehe,** die Ehen
das Ehepaar
der Ehering
ehe
ehemals
je eher, desto besser
die **Eh|re**
ehrenamtlich
das Ehrenwort
ehr|gei|zig
der Ehrgeiz
ehr|lich
die Ehrlichkeit

Ei
das **Ei,** die Eier
der Eidotter
oder: das Eidotter
die Eierschale
das Eigelb
das Eiweiß
die **Ei|che,** die Eichen
die Eichel
der **Ei|chel|hä|her,**
die Eichelhäher
das **Eich|hörn|chen,**
die Eichhörnchen
der **Eid,** die Eide
die **Ei|dech|se,** die Eidechsen
ei|fer|süch|tig
die Eifersucht
eif|rig
der Eifer
ei|gen
eigenartig
das Eigentor
eigenwillig
die **Ei|gen|schaft,**
die Eigenschaften
das Eigenschaftswort

ei**nladen**

ei|gent|lich
das Ei|gen|tum, die Eigentümer
sich eig|nen, du eignest dich
ei|len, du eilst
in Eile sein
eilig
der Ei|mer, die Eimer
ein, eine, einer
ei|nan|der
die Ein|bahn|stra|ße,
die Einbahnstraßen
der Ein|band, die Einbände
ein|bre|chen, du brichst ein,
er brach ein, sie ist
eingebrochen
der Einbrecher,
die Einbrecherin
der Ein|bruch, die Einbrüche
ein|che|cken, du checkst ein
ein|cre|men, du cremst ein
ein|deu|tig
der Ein|dring|ling,
die Eindringlinge
der Ein|druck, die Eindrücke
eindrucksvoll
ein|ei|ig
eineiige Zwillinge
ein|ein|halb
ei|ner|lei
ein|fach
ein|fä|deln, du fädelst ein
die Ein|fahrt, die Einfahrten
der Ein|fall, die Einfälle
einfallen
einfallsreich
ein|far|big
der Ein|fluss, die Einflüsse

einflussreich
der Ein|gang, die Eingänge
ein|ge|bil|det
sich etwas einbilden
ein|ge|packt
ein|ge|schnappt
sich ein|ge|wöh|nen
→ gewöhnen
die Eingewöhnungszeit
ein|hal|ten, du hältst ein,
er hielt ein, sie hat
eingehalten
ein|hef|ten, du heftest ein
ein|hei|misch
die Ein|heit, die Einheiten
einheitlich
ei|nig
sich einigen
die Einigung
ei|ni|ge, einiges
einige Male
ei|ni|ger|ma|ßen
ein|kau|fen → kaufen
der Einkauf
der Einkaufsbummel
das Einkaufszentrum
ein|klam|mern,
du klammerst ein
sich ein|klem|men, du klemmst
dir den Finger ein
ein|ko|chen, du kochst ein
das Ein|kom|men,
die Einkommen
ein|la|den, du lädst ein,
er lud ein, sie hat
eingeladen
die Einladung

Einlass

der **Ein|lass**, die Einlässe
die **Ein|lei|tung**, die Einleitungen
ein|leuch|tend
sich **ein|log|gen**,
du loggst dich ein
ein|mal
auf einmal
einmalig
das **Ein|mal|eins**
die **Ein|mün|dung**,
die Einmündungen
die **Ein|nah|me**, die Einnahmen
sich **ein|prä|gen**,
du prägst dir ein
ein|rah|men, du rahmst ein
ein|räu|men, du räumst ein
die **Ein|rich|tung**,
die Einrichtungen
eins
es ist halb eins
eine Eins schreiben
ein|sam
die Einsamkeit
der **Ein|satz**, die Einsätze
einsatzbereit
ein|schen|ken,
du schenkst ein
ein|schla|fen → schlafen
einschläfern
ein|schließ|lich
einschließen
das **Ein|schrei|ben**,
die Einschreiben
die **Ein|schu|lung**
ein|se|hen → sehen
das Einsehen
ein|sei|fen, du seifst ein

der **Ein|sen|de|schluss**
die **Ein|sicht**, die Einsichten
ein|sper|ren, du sperrst ein
der **Ein|spruch**, die Einsprüche
ein|spu|rig
einst
ein|stel|lig
die **Ein|stel|lung**,
die Einstellungen
der **Ein|stich**, die Einstiche
der **Ein|stieg**, die Einstiege
ein|stim|mig
ein|stün|dig
der **Ein|sturz**, die Einstürze
einstürzen
ein|tei|len → teilen
die Einteilung
der **Ein|topf**, die Eintöpfe
die **Ein|tra|gung**,
die Eintragungen
der **Ein|tritt**
die Eintrittskarte
ein|ver|stan|den
die **Ein|wan|de|rung**,
die Einwanderungen
der Einwanderer,
die Einwanderin
ein|wand|frei
ein|wech|seln, der Spieler
wird eingewechselt
die **Ein|weg|fla|sche**,
die Einwegflaschen
die **Ein|wei|hung**,
die Einweihungen
der **Ein|woh|ner**, die Einwohner
die **Ein|woh|ne|rin**,
die Einwohnerinnen

elf

der Einsturz

der **Ein|wurf,** die Einwürfe
die **Ein|zahl**
die **Ein|zel|heit,** die Einzelheiten
ein|zeln
jeder Einzelne
ein|zie|hen, du ziehst ein,
er zog ein, sie ist
eingezogen
der Einzug
ein|zig
einzigartig
der Einzige
das **Eis**
eislaufen
der Eisbär
eisgekühlt
das Eishockey
eisig
der Eiszapfen
das **Ei|sen,** die Eisen
die **Ei|sen|bahn,**
die Eisenbahnen
ei|tel
die Eitelkeit
der **Ei|ter**
eitern
das **Ei|weiß,** die Eiweiße

Ek
der **Ekel**
das Ekel
ekelig oder: eklig
ekelhaft
sich ekeln
das **Ek|zem,** die Ekzeme

El
elas|tisch
die **El|be**
der **Elch,** die Elche
der **Ele|fant,** die Elefanten
ele|gant
die Eleganz
elek|trisch
der Elektriker,
die Elektrikerin
die Elektrizität
elek|tro|nisch
das **Ele|ment,** die Elemente
das **Elend**
sich elend fühlen
das Elendsviertel
elf
die Elf
der Elfmeter

43

Elfe

die **El|fe,** die Elfen
der **Ell|bo|gen** oder: Ellenbogen,
die Ellbogen
oder: Ellenbogen
die Elle
ellenlang
die **Els|ter,** die Elstern
die **El|tern**
der Elternabend

Em

die **E-Mail**
oder: das E-Mail,
die E-Mails
die E-Mail-Adresse
eman|zi|piert
die Emanzipation
der **Em|bryo,** die Embryos
die **Emi|gra|ti|on**
der Emigrant,
die Emigrantin
emigrieren
emp|fan|gen, du empfängst,
er empfing, sie hat
empfangen
der Empfänger,
die Empfängerin
emp|feh|len, du empfiehlst,
er empfahl, sie hat
empfohlen
empfehlenswert
die Empfehlung
emp|fin|den, du empfindest,
er empfand, sie hat
empfunden
empfindlich
die Empfindung

em|por
emporsteigen
sich **em|pö|ren,** du empörst dich
empörend
empört
die Empörung
em|sig

En

das **En|de,** die Enden
zu Ende
enden
endgültig
endlos
das Endspiel
die Endung
end|lich
die **Ener|gie,** die Energien
energiesparend
ener|gisch
eng
eng befreundet
der **En|gel,** die Engel
der **En|ger|ling,** die Engerlinge

entarven

Entschluss

Eng|land
englisch
der **En|kel,** die Enkel
die **En|ke|lin,** die Enkelinnen
enorm
ent|beh|ren, du entbehrst
die **Ent|bin|dung,**
die Entbindungen
entbinden
ent|de|cken, du entdeckst
der Entdecker,
die Entdeckerin
die Entdeckung
die Entdeckungsreise
die **En|te,** die Enten
en|tern
die **Ent|fer|nung,**
die Entfernungen
entfernen
ent|füh|ren, du entführst
der Entführer,
die Entführerin
die Entführung
ent|ge|gen
entgegennehmen
ent|geg|nen, du entgegnest
ent|ge|hen, er entgeht
der Strafe, er entging,
er ist entgangen
ent|geis|tert
ent|glei|sen, der Zug
entgleist
ent|hal|ten, die Flasche
enthält, sie enthielt, sie hat
enthalten
sich enthalten
die Enthaltung

ent|kom|men,
du entkommst, er entkam,
sie ist entkommen
ent|lang
am Ufer entlang
den Weg entlanglaufen
ent|lar|ven, du entlarvst
ent|las|sen, du entlässt,
er entließ, sie hat entlassen
die Entlassung
ent|le|gen
ent|mu|tigt
ent|nervt
ent|rin|nen, du entrinnst,
er entrann, sie ist entronnen
das Entrinnen
ent|rüm|peln,
du entrümpelst
die Entrümpelung
oder: Entrümplung
sich **ent|rüs|ten,**
du entrüstest dich
die Entrüstung
die **Ent|schä|di|gung,**
die Entschädigungen
ent|schei|den,
du entscheidest,
er entschied, sie hat
entschieden
entscheidend
die Entscheidung
sich **ent|schlie|ßen,**
du entschließt dich,
er entschloss sich,
sie hat sich entschlossen
der **Ent|schluss,**
die Entschlüsse

entschuldigen

ent|schul|di|gen,
du entschuldigst
sich entschuldigen
die Entschuldigung
das **Ent|set|zen**
entsetzt
entsetzlich
ent|sor|gen, du entsorgst
sich **ent|span|nen,**
du entspannst dich
entspannt
die Entspannung
ent|spre|chend
ent|ste|hen, das Feuer
entsteht, es entstand,
es ist entstanden
die Entstehung
ent|stellt
ent|täuscht
enttäuschen
die Enttäuschung
die **Ent|war|nung,**
die Entwarnungen
ent|we|der
entweder … oder …
ent|wer|fen, du entwirfst,
er entwarf, sie hat
entworfen
der Entwurf
ent|wer|ten, du entwertest
ent|wi|ckeln, du entwickelst
sich entwickeln
die Entwicklung
ent|wir|ren, du entwirrst
ent|wi|schen, du entwischst
ent|zif|fern, du entzifferst
ent|zü|ckend

sich **ent|zün|den,** die Wunde
entzündet sich
die Entzündung
ent|zwei
entzweigehen

Er

er
er kommt morgen
sich **er|bar|men,**
du erbarmst dich
erbärmlich
erbarmungslos
er|ben, du erbst
das Erbe
der Erbe, die Erbin
erblich
die Erbschaft
sich **er|bre|chen,** du erbrichst
dich, er erbrach sich,
sie hat sich erbrochen
das Erbrochene
die **Erb|se,** die Erbsen
erbsengroß
das **Erd|be|ben,** die Erdbeben
die **Erd|bee|re,** die Erdbeeren
die **Er|de**
der Erdball
der Erdboden
das Erdgeschoss
erdig
die Erdnuss
das Erdöl
der Erdteil
sich **er|eig|nen,** es ereignet sich
das Ereignis
ereignisreich

Erläuterung

er|fah|ren, du erfährst,
er erfuhr, sie hat erfahren
die Erfahrung
er|fas|sen, du erfasst
er|fin|den, du erfindest,
er erfand, sie hat erfunden
der Erfinder, die Erfinderin
erfinderisch
die Erfindung
der **Er|folg,** die Erfolge
erfolgreich
er|for|schen → forschen
die Erforschung
er|freu|lich
sich er|fri|schen,
du erfrischst dich
erfrischend
die Erfrischung
Er|furt
er|gän|zen, du ergänzt
die Ergänzung
sich er|ge|ben, du ergibst dich,
er ergab sich, sie hat
sich ergeben

das **Er|geb|nis,** die Ergebnisse
ergebnislos
er|hal|ten, du erhältst,
er hat erhalten
er|hit|zen, du erhitzt
sich er|ho|len, du erholst dich
erholsam
die Erholung
sich er|in|nern, du erinnerst dich
die Erinnerung
die **Er|käl|tung,** die Erkältungen
sich erkälten
er|ken|nen → kennen
die Erkenntnis
er|klä|ren, du erklärst
die Erklärung
er|kran|ken, du erkrankst
die Erkrankung
sich er|kun|di|gen,
du erkundigst dich
er|lau|ben, du erlaubst
die Erlaubnis
die **Er|läu|te|rung,**
die Erläuterungen
erläutern

die Erfindung

Erlebnis

das **Er|leb|nis,** die Erlebnisse
erleben
die Erlebniserzählung
erlebnisreich
er|le|di|gen, du erledigst
erledigt sein
die **Er|leich|te|rung**
erleichtert
der **Er|lös,** die Erlöse
die **Er|lö|sung**
erlösen
er|mah|nen → mahnen
die Ermahnung
die **Er|mä|ßi|gung,**
die Ermäßigungen
ermäßigt
er|mu|ti|gen, du ermutigst
die Ermutigung
die **Er|näh|rung**
sich ernähren
ernst
ernst nehmen
es wird ernst
der Ernst
im Ernst
ernsthaft
ern|ten, du erntest
die Ernte
das Erntedankfest
er|obern, du eroberst
der Eroberer, die Eroberin
die Eroberung
der **Er|pel,** die Erpel
er|pres|sen, du erpresst
der Erpresser,
die Erpresserin
die Erpressung

die Erlösung

die **Er|re|gung**
erregt
er|rei|chen, du erreichst
erreichbar
er|rö|ten, du errötest
der **Er|satz**
die Ersatzbank
das Ersatzrad
das Ersatzteil
er|schei|nen, du erscheinst,
er erschien, sie ist
erschienen
die Erscheinung
er|schöpft
die Erschöpfung
er|schre|cken (einen
Schreck bekommen),
du erschrickst, er erschrak,
sie ist erschrocken
er|schre|cken (jemanden
erschrecken), du erschreckst
ihn, er erschreckte ihn,
sie hat ihn erschreckt

Euter

er|schüt|ternd
die Erschütterung
erst
erst mal
erst recht
der Erste, die Erste
als Erster, als Erste
er|staun|lich
erstaunen
das Erstaunen
er|sti|cken, sie erstickt
die Erstickungsgefahr
er|tap|pen, du ertappst
er|tra|gen, du erträgst,
er ertrug, sie hat ertragen
erträglich
er|wach|sen
der Erwachsene,
die Erwachsene
er|wäh|nen, du erwähnst
er|war|ten → warten
die Erwartung
er|wer|ben, du erwirbst,
er erwarb, sie hat erworben
erwerbstätig
er|wi|dern, du erwiderst
die Erwiderung
er|wi|schen, du erwischst
er|wünscht
das **Erz,** die Erze
er|zäh|len, du erzählst
der Erzähler, die Erzählerin
die Erzählung
er|zeu|gen, er erzeugt
die **Er|zie|hung**
erziehen
der Erzieher, die Erzieherin

Es
es
es wird dunkel
der **Esel,** die Esel
der **Es|ki|mo,** die Eskimos
es|sen, du isst, er aß,
sie hat gegessen
essbar
das Essen
der Esstisch
der **Es|sig,** die Essige
Est|land
estnisch

Et
die **Eta|ge,** die Etagen
die **Etap|pe,** die Etappen
das **Eti|kett,** die Etiketten
etikettieren
das **Etui,** die Etuis
et|wa
et|was
etwas anderes
etwas Gutes

Eu
euch
eu|er, euere oder: eure
euretwegen
die **Eu|le,** die Eulen
der **Eu|ro,** die Euros
der **Eu|ro|ci|ty** (EC)
Eu|ro|pa
europäisch
die Europäische Union (EU)
die Europameisterschaft
das **Eu|ter,** die Euter

evakuieren

Ev
eva|ku|ie|ren, die Bewohner werden evakuiert
evan|ge|lisch
even|tu|ell

Ew
ewig
die Ewigkeit

Ex
exakt
das Exa|men, die Examen
das Exem|plar, die Exemplare
ex|klu|siv
exis|tie|ren, es existiert
exo|tisch
die Ex|pe|di|ti|on, die Expeditionen
das Ex|pe|ri|ment, die Experimente
experimentieren
der Ex|per|te, die Experten
die Ex|per|tin, die Expertinnen
ex|plo|die|ren, die Bombe explodiert
die Explosion
ex|tra
ex|trem

Fa
die Fa|bel, die Fabeln
die Fa|brik, die Fabriken
fabrizieren
das Fach, die Fächer
der Fä|cher, die Fächer
das Fach|werk|haus, die Fachwerkhäuser
die Fa|ckel, die Fackeln
fa|de oder: fad
der Fa|den, die Fäden
das Fa|gott, die Fagotte
fä|hig
die Fähigkeit
die Fahn|dung, die Fahndungen
fahnden
die Fah|ne, die Fahnen
die Fahnenstange
die Fäh|re, die Fähren
fah|ren, du fährst, er fuhr, sie ist gefahren
der Fahrer, die Fahrerin
die Fahrkarte
die Fahrt
das Fahrzeug
das Fahr|rad, die Fahrräder
Fahrrad fahren
die Fähr|te, die Fährten
fair
die Fairness
der Fal|ke, die Falken
der Fall, die Fälle
die Fal|le, die Fallen
fal|len, du fällst, er fiel, sie ist gefallen
der Fallschirm
fäl|len, du fällst den Baum
fäl|lig

Fee

falls
falsch
fälschen
die Fälschung
fal|ten, du faltest
die Falte
faltig
der **Fal|ter,** die Falter
die **Fa|mi|lie,** die Familien
die Familienfeier
der Familienname
der **Fan,** die Fans
der Fanklub
oder: Fanclub
fan|gen, du fängst, er fing, sie hat gefangen
der Fang
die **Fan|ta|sie**
fantasieren
fantasievoll
fantastisch
die **Far|be,** die Farben
färben
farbenblind
farbenfroh
farbig
der Farbton
die **Farm,** die Farmen
der **Farn,** die Farne
der **Fa|san,** die Fasane
oder: Fasanen
der **Fa|sching**
das Faschingskostüm
fa|seln, du faselst
die **Fa|ser,** die Fasern
faserig oder: fasrig
die **Fas|nacht**

das **Fass,** die Fässer
die **Fas|sa|de,** die Fassaden
fas|sen, du fasst
die Fassung
fassungslos
fast
fas|ten, du fastest
die Fastenzeit
das **Fast Food** oder: Fastfood
die **Fast|nacht**
die **Fas|zi|na|ti|on**
faszinierend
die **Fa|ta Mor|ga|na**
fau|chen, die Katze faucht
faul
faulenzen
die Faulheit
der Faulpelz
das Faultier
die **Faust,** die Fäuste
faustdick
die Faustregel
der **Fa|vo|rit,** die Favoriten
die **Fa|vo|ri|tin,** die Favoritinnen
das **Fax,** die Faxe
faxen
die **Fa|xen**
Faxen machen

Fe

der **Fe|bru|ar**
fech|ten, du fichtst, er focht, sie hat gefochten
der Fechter, die Fechterin
die **Fe|der,** die Federn
federleicht
die **Fee,** die Feen

51

fegen

	fe|gen, du fegst		fern
	feh|len, du fehlst		die Fernbedienung
der	**Feh|ler,** die Fehler		die Ferne
	fehlerhaft		sich fernhalten
	fehlerlos		fernsteuern
	fei|ern, du feierst		der Fernverkehr
	die Feier	der	**Fern|se|her,** die Fernseher
	feierlich		fernsehen
	der Feiertag		das Fernsehen
	fei|ge oder: feig		das Fernsehprogramm
	der Feigling	die	**Fer|se,** die Fersen
die	**Fei|ge,** die Feigen		**fer|tig**
	fei|len, du feilst		fertigstellen
	die Feile	die	**Fes|sel,** die Fesseln
	fein		fesseln
	sich fein machen		**fest**
	der Feinschmecker,		festhalten
	die Feinschmeckerin		die Festplatte
der	**Feind,** die Feinde		die Festung
	feindlich	das	**Fest,** die Feste
	die Feindschaft		das Festival
das	**Feld,** die Felder		festlich
	der Feldweg		der Festtag
die	**Fel|ge,** die Felgen		**fest|stel|len,** du stellst fest
das	**Fell,** die Felle	die	**Fe|te,** die Feten
der	**Fels,** die Felsen		**fett**
	der Felsblock		fett gedruckt
	felsenfest		das Fett
	felsig		fettig
der	**Fen|chel**		
	der Fencheltee		
das	**Fens|ter,** die Fenster		
	der Fensterrahmen		
	die Fensterscheibe		
die	**Fe|ri|en**		
	der Ferienjob		
das	**Fer|kel,** die Ferkel		

fit

der **Fet|zen,** die Fetzen
feucht
die Feuchtigkeit
das **Feu|er,** die Feuer
feuern
die Feuerwehr
das Feuerwerk

Fi

die **Fi|bel,** die Fibeln
die **Fich|te,** die Fichten
das **Fie|ber**
fieberfrei
fieberig oder: fiebrig
das Fieberthermometer
fies 
die **Fi|gur,** die Figuren
die **Fi|li|a|le,** die Filialen
der **Film,** die Filme
filmen
der **Fil|ter** oder: das Filter,
die Filter
filtern
das Filterpapier
der **Filz,** die Filze
filzen
der Filzstift
das **Fi|na|le,** die Finale
oder: Finals

das **Fi|nanz|amt,**
die Finanzämter
die Finanzen
finanziell
finanzieren
fin|den, du findest, er fand,
sie hat gefunden
der Finder, die Finderin
der Finderlohn
der Findling
der **Fin|ger,** die Finger
der Fingerabdruck
fingerbreit
der **Fink,** die Finken
Finn|land
finnisch
fins|ter
die Finsternis
die **Fir|ma,** die Firmen
der Firmenchef
die **Fir|mung**
der **Fisch,** die Fische
fischen
der Fischer, die Fischerin
das Fischerboot
die Fischerei
das Fischstäbchen
fit, fitter, am fittesten
das Fitnesscenter

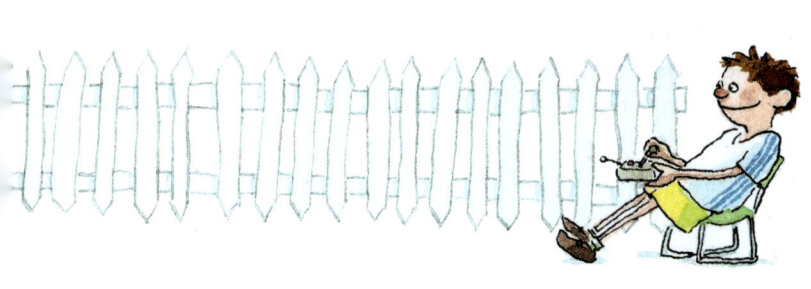

die Fernbedienung

fix

fix
fix und fertig
fi|xie|ren

Fl
flach
die **Flä|che,** die Flächen
fla|ckern, die Kerze flackert
der **Fla|den,** die Fladen
das Fladenbrot
die **Flag|ge,** die Flaggen
der **Fla|min|go,** die Flamingos
die **Flam|me,** die Flammen
die **Flan|ke,** die Flanken
die **Fla|sche,** die Flaschen
der Flaschenöffner
die **Flat|rate,** die Flatrates
flat|tern, die Gans flattert
flau
der **Flaum**
flau|schig
flech|ten, du flichtst,
er flocht, sie hat geflochten
der **Fleck,** die Flecken
fleckenlos
fleckig
die **Fle|der|maus,**
die Fledermäuse
fle|hen, du flehst
das **Fleisch**
fleischarm
der Fleischer,
die Fleischerin
die Fleischerei
fleischig
der **Fleiß**
fleißig

flen|nen, du flennst
fli|cken, du flickst
der Flicken
das Flickzeug
der **Flie|der**
die **Flie|ge,** die Fliegen
die Fliegenklatsche
flie|gen, du fliegst,
er flog, sie ist geflogen
der Flieger
der **Flie|gen|pilz,** die Fliegenpilze
flie|hen, du fliehst, er floh,
sie ist geflohen
die Fliehkraft
die **Flie|se,** die Fliesen
fliesen
der Fliesenleger,
die Fliesenlegerin
flie|ßen, das Wasser fließt,
es floss, es ist geflossen
fließend lesen
flim|mern, die Luft flimmert
flink
flip|pern, du flipperst
flit|zen, du flitzt
die **Flo|cke,** die Flocken
flockig
der **Floh,** die Flöhe
der Flohmarkt
der **Flop,** die Flops
das **Floß,** die Flöße
die **Flos|se,** die Flossen

fortbilden

fliegen

Fo
- das **Foh|len,** die Fohlen
- der **Föhn** (Haartrockner), die Föhne
- föhnen
- der **Föhn** (warmer Wind)
- **fol|gen,** du folgst
- die Folge
- folgenlos

die **Flö|te,** die Flöten	die **Fo|lie,** die Folien
flöten	die **Fol|ter,** die Foltern
flott	foltern
flu|chen, du fluchst	die **Fon|tä|ne,** die Fontänen
der Fluch	**for|dern,** du forderst
die **Flucht**	die Forderung
fluchtartig	**för|dern,** du förderst
flüchten	das Förderband
der Flüchtling	förderlich
der Fluchtweg	der Förderunterricht
flüch|tig	die **Fo|rel|le,** die Forellen
der **Flug,** die Flüge	die **Form,** die Formen
der Flughafen	das Format
das Flugzeug	formen
der **Flü|gel,** die Flügel	das Formular
flüg|ge	formulieren
flun|kern, du flunkerst	die **For|mel 1**
der **Flur,** die Flure	**for|schen,** du forschst
der **Fluss,** die Flüsse	der Forscher, die Forscherin
flussabwärts	die Forschung
das Flussbett	der **Förs|ter,** die Förster
die Flussmündung	die **Förs|te|rin,** die Försterinnen
flüs|sig	**fort**
die Flüssigkeit	fort sein
flüs|tern, du flüsterst	sich **fort|be|we|gen** → bewegen
die **Flut,** die Fluten	das Fortbewegungsmittel
fluten	sich **fort|bil|den** → bilden
das Flutlicht	die Fortbildung

55

fortfahren

fort|fah|ren → fahren
die **Fort|pflan|zung**
sich fortpflanzen
der **Fort|schritt,** die Fortschritte
fortschrittlich
die **Fort|set|zung,**
die Fortsetzungen
fortsetzen
das **Fos|sil,** die Fossilien
das **Fo|to,** die Fotos
der Fotoapparat
der Fotograf, die Fotografin
die Fotografie
fotografieren
die Fotomontage
fo|to|ko|pie|ren,
du fotokopierst
die Fotokopie
der Fotokopierer
das **Foul,** die Fouls
foulen

Fr

die **Fracht,** die Frachten
der Frachter
das Frachtschiff
fra|gen, du fragst
die Frage
der Fragesatz
das Fragezeichen
Frank|reich
französisch
die **Frat|ze,** die Fratzen
Fratzen schneiden
die **Frau,** die Frauen
frech
die Frechheit

frei
das Freibad
freihändig
die Freiheit
der Freistoß
freiwillig
der **Frei|tag,** die Freitage
am Freitag
am Freitagabend
freitags
die **Frei|zeit**
die Freizeitbeschäftigung
fremd
der Fremde, die Fremde
die Fremdsprache
das Fremdwort
fres|sen, der Hund frisst,
er fraß, er hat gefressen
der Fressnapf
die **Freu|de,** die Freuden
freudestrahlend
freudig
sich **freu|en,** du freust dich
der **Freund,** die Freunde
die Freundschaft
freundschaftlich
die **Freun|din,** die Freundinnen
freund|lich
der **Frie|den** oder: Friede
der Friedensvertrag
friedlich
der **Fried|hof,** die Friedhöfe
frie|ren, du frierst, er fror,
sie hat gefroren
die **Fri|ka|del|le,** die Frikadellen
das **Fris|bee**®, die Frisbees
die Frisbeescheibe

56

fünf

frisch
frischgestrichen
die Frischhaltefolie
die Frischmilch
der **Fri|seur,** die Friseure
die **Fri|seu|rin,** die Friseurinnen
der **Fri|sör,** die Frisöre
die **Fri|sö|rin,** die Frisörinnen
die **Frist,** die Fristen
fristlos
die **Fri|sur,** die Frisuren
froh
fröh|lich
die Fröhlichkeit
fromm
die **Front,** die Fronten
frontal
der **Frosch,** die Frösche
der **Frost,** die Fröste
frösteln
frostig
das **Frot|tee** oder: der Frottee
frot|zeln, du frotzelst 🖐
die **Frucht,** die Früchte
fruchtbar
fruchtig
früh
morgen früh
frühmorgens
frühzeitig
frü|her
der **Früh|ling,** die Frühlinge
der Frühlingsanfang
das **Früh|stück,** die Frühstücke
frühstücken
der **Frust**
frustriert

die Freunde

Fu
der **Fuchs,** die Füchse
fuch|teln, du fuchtelst
füh|len, du fühlst
der Fühler
die **Fuh|re,** die Fuhren
füh|ren, du führst
der Führerschein
die Führung
führungslos
fül|len, du füllst
die Fülle
die Füllung
der **Fül|ler,** die Füller
der Füllfederhalter
der **Fund,** die Funde
der Fundort
das **Fun|da|ment,**
die Fundamente
fünf
eine Fünf schreiben
fünfmal
das Fünfcentstück
fünfzehn
fünfzig

Funk

der **Funk**
   das Funkloch
   die Funkverbindung
der **Fun|ke** oder: Funken,
   die Funken
   fun|keln, der Stern funkelt
   funk|ti|o|nie|ren,
   die Maschine funktioniert
   die Funktion
   für
   füreinander
   das Fürwort
die **Fur|che,** die Furchen
die **Furcht**
   furchtbar
   furchtlos
sich **fürch|ten,** du fürchtest dich
   fürchten
   fürchterlich
   für|sorg|lich
der **Fürst,** die Fürsten
die **Fürs|tin,** die Fürstinnen
der **Furz,** die Fürze
der **Fuß,** die Füße
   zu Fuß gehen
   der Fußboden
   der Fußgänger,
   die Fußgängerin
der **Fuß|ball,** die Fußbälle
   Fußball spielen
der **Fus|sel** oder: die Fussel,
   die Fusseln
das **Fut|ter**
   füttern
   die Fütterung
das **Fu|tur**
   futuristisch

G

Ga

die **Ga|be,** die Gaben
die **Ga|bel,** die Gabeln
   ga|ckern, das Huhn gackert
   gaf|fen, du gaffst
der **Gag,** die Gags
   gäh|nen, du gähnst
die **Ga|la|xie,** die Galaxien
die **Ga|lee|re,** die Galeeren
die **Ga|le|rie,** die Galerien
der **Gal|gen,** die Galgen
die **Gal|le,** die Gallen
   ga|lop|pie|ren, das Pferd
   galoppiert
   der Galopp
   gam|meln, du gammelst
die **Gäm|se,** die Gämsen
der **Gang,** die Gänge
   die Gangschaltung
die **Gang,** die Gangs
der **Gangs|ter,** die Gangster
der **Ga|no|ve,** die Ganoven
die **Gans,** die Gänse
   die Gänsehaut
   der Gänserich
das **Gän|se|blüm|chen,**
   die Gänseblümchen
   ganz
   ganz bestimmt
   ganztags
   die Ganztagsschule
   gar
   gar nicht

gedruckt

die **Ga|ra|ge,** die Garagen
die **Ga|ran|tie,** die Garantien
garantieren
die **Gar|de|ro|be,** die Garderoben
die **Gar|di|ne,** die Gardinen
gar, das Gemüse ist gar
garend
die Garzeit
das **Garn,** die Garne
der **Gar|ten,** die Gärten
der Gärtner, die Gärtnerin
die Gärtnerei
das **Gas,** die Gase
Gas geben
die Gasexplosion
das Gaspedal
die **Gas|se,** die Gassen
Gassi gehen
der **Gast,** die Gäste
gastfreundlich
die Gaststätte
der Gastwirt, die Gastwirtin
das **Gat|ter,** die Gatter
der **GAU** (größter anzunehmender Unfall)
gau|keln
der Gaukler, die Gauklerin
der **Gau|men,** die Gaumen
der **Gau|ner,** die Gauner
die Gaunerei
die **Gau|ne|rin,** die Gaunerinnen

Ge
das **Ge|bäck**
die **Ge|bär|de,** die Gebärden
die Gebärdensprache
das **Ge|bäu|de,** die Gebäude

ge|ben, du gibst, er gab,
sie hat gegeben
Gib mir das Buch!
das **Ge|bet,** die Gebete
das **Ge|biet,** die Gebiete
ge|bil|det
das **Ge|bir|ge,** die Gebirge
das **Ge|biss,** die Gebisse
das **Ge|blä|se,** die Gebläse
ge|blümt
ge|bo|ren
die **Ge|bor|gen|heit**
geborgen
das **Ge|bot,** die Gebote
ge|brau|chen, du gebrauchst
der Gebrauch
gebräuchlich
der Gebrauchtwagen
ge|brech|lich
das **Ge|brüll**
die **Ge|bühr,** die Gebühren
gebührenpflichtig
die **Ge|burt,** die Geburten
der **Ge|burts|tag,**
die Geburtstage
das Geburtstagsgeschenk
das **Ge|büsch**
das **Ge|dächt|nis**
der **Ge|dan|ke,** die Gedanken
gedankenlos
der Gedankenstrich
das **Ge|deck,** die Gedecke
die **Ge|denk|mi|nu|te,**
die Gedenkminuten
das **Ge|dicht,** die Gedichte
das **Ge|drän|ge**
ge|druckt

Geduld

die **Ge|duld**
geduldig
das Geduldspiel
oder: Geduldsspiel
ge|eig|net
die **Ge|fahr,** die Gefahren
gefährden
gefährlich
das **Ge|fäl|le,** die Gefälle
ge|fal|len, das Buch
gefällt mir, es gefiel mir,
es hat mir gefallen
sich etwas gefallen lassen
der **Ge|fal|len,** die Gefallen
einen Gefallen tun
ge|fan|gen
gefangen nehmen
der Gefangene,
die Gefangene
die Gefangenschaft
das Gefängnis
das **Ge|fäß,** die Gefäße
das **Ge|fie|der,** die Gefieder
ge|fleckt
das **Ge|flü|gel**
das **Ge|flüs|ter**
ge|frä|ßig
ge|frie|ren → frieren
der Gefrierschrank
der Gefrierpunkt
das **Ge|fühl,** die Gefühle
gefühllos
ge|füllt
ge|gen
die **Ge|gend,** die Gegenden
ge|gen|ei|nan|der
gegeneinander kämpfen
der **Ge|gen|satz,**
die Gegensätze
gegensätzlich
ge|gen|sei|tig
der **Ge|gen|stand,**
die Gegenstände
das **Ge|gen|teil,** die Gegenteile
im Gegenteil
ge|gen|ü|ber
gegenüberliegend
gegenübersitzen
der **Ge|gen|ver|kehr**
die **Ge|gen|wart**
der **Ge|gen|wind**
der **Geg|ner,** die Gegner
gegnerisch
die **Geg|ne|rin,** die Gegnerinnen
das **Ge|halt,** die Gehälter
ge|häs|sig
das **Ge|häu|se,** die Gehäuse
das **Ge|he|ge,** die Gehege

geistesgegenwärtig

Gemäuer

ge|heim
geheim halten
das Geheimnis
geheimnisvoll
der Geheimtipp
ge|hen, du gehst, er ging,
sie ist gegangen
sich gehen lassen
schlafen gehen
der Gehweg
das **Ge|hirn,** die Gehirne
die Gehirnerschütterung
das **Ge|hör**
gehörlos
ge|hor|chen, du gehorchst
ge|hö|ren, das gehört mir
ge|hor|sam
der Gehorsam
der **Gei|er,** die Geier
die **Gei|ge,** die Geigen
geil
die **Gei|sel,** die Geiseln
die Geiselnahme
der **Geist** (Verstand)
der Geistesblitz
geistesgegenwärtig
der **Geist** (Gespenst),
die Geister
die Geisterbahn
der **Geiz**
der Geizhals
geizig

das **Ge|jam|mer**
das **Ge|ki|cher**
ge|kränkt
das **Ge|krit|zel**
das **Gel,** die Gele oder: die Gels
das **Ge|läch|ter**
ge|lähmt
das **Ge|län|de,** die Gelände
der Geländewagen
das **Ge|län|der,** die Geländer
ge|lang|weilt
ge|las|sen
die Gelassenheit
gelb
die Farbe Gelb
gelbgrün
gelblich
das **Geld**
Geld wechseln
der Geldautomat
geldgierig
das **Ge|lee** oder: der Gelee,
die Gelees
die **Ge|le|gen|heit,**
die Gelegenheiten
gelegentlich
ge|lehrt
der Gelehrte, die Gelehrte
das **Ge|lenk,** die Gelenke
gelenkig
ge|lin|gen, das Werk gelingt,
es gelang, es ist gelungen
gel|ten, die Regel gilt,
sie galt, sie hat gegolten
das **Ge|mäl|de,** die Gemälde
die Gemäldegalerie
das **Ge|mäu|er,** die Gemäuer

gemein

ge|mein
die Gemeinheit
die **Ge|mein|de,** die Gemeinden
der Gemeinderat,
die Gemeinderätin
ge|mein|sam
die Gemeinsamkeit
die **Ge|mein|schaft,**
die Gemeinschaften
gemeinschaftlich
die Gemeinschaftsschule
das **Ge|mü|se,** die Gemüse
das Gemüsebeet
ge|mus|tert
das **Ge|müt,** die Gemüter
ge|müt|lich
die Gemütlichkeit
das **Gen,** die Gene
die Gentechnik
ge|nau
genau genommen
nichts Genaues
die Genauigkeit
ge|nau|so
genauso viel
ge|neh|mi|gen,
du genehmigst
die Genehmigung
die **Ge|ne|ra|ti|on,**
die Generationen
ge|ni|al
das **Ge|nick,** die Genicke
das **Ge|nie,** die Genies 👟❗
sich ge|nie|ren, 👟❗
du genierst dich
ge|nie|ßen, du genießt,
er genoss, sie hat genossen

der Genießer,
die Genießerin
der **Ge|ni|tiv**
ge|nug
ge|nü|gen, es genügt
genügend
der **Ge|nuss,** die Genüsse
genüsslich
die **Ge|o|gra|fie**
geografisch
die **Ge|o|gra|phie**
geographisch
die **Ge|o|me|trie**
geometrisch
das Geodreieck
das **Ge|päck**
der Gepäckträger
der **Ge|pard,** die Geparde
ge|pflegt
das **Ge|plap|per**
das **Ge|plät|scher**
ge|ra|de
gerade noch
gerade sitzen
geradeaus
das **Ge|rät,** die Geräte
der Geräteschuppen
das Geräteturnen
ge|ra|ten, du gerätst,
er geriet, sie ist geraten
das **Ge|räusch,** die Geräusche
geräuschempfindlich
geräuschlos
ge|recht
die Gerechtigkeit
das **Ge|re|de**
ge|reizt

Geschöpf

sich genieren

ge|sal|zen
ge|samt
das Gesamtergebnis
die Gesamtschule
der **Ge|sang,** die Gesänge
das Gesangbuch
das **Ge|säß,** die Gesäße
das **Ge|schäft,** die Geschäfte
geschäftlich
geschäftstüchtig
ge|sche|hen, es geschieht,
es geschah, es ist
geschehen
das Geschehen
ge|scheit
das **Ge|schenk,** die Geschenke
die **Ge|schich|te,**
die Geschichten
geschichtlich
ge|schickt
die Geschicklichkeit
ge|schie|den
das **Ge|schirr**
die Geschirrspülmaschine
das **Ge|schlecht,**
die Geschlechter
das Geschlechtsorgan
ge|schlos|sen
der **Ge|schmack,**
die Geschmäcker
geschmacklos
die Geschmackssache
geschmackvoll
das **Ge|schmat|ze**
ge|schmei|dig
das **Ge|schnat|ter**
das **Ge|schöpf,** die Geschöpfe

das **Ge|richt,** die Gerichte
der Gerichtssaal
ge|ring
ge|rin|nen, die Milch gerinnt,
sie gerann, sie ist geronnen
das **Ge|rip|pe,** die Gerippe
der **Ger|ma|ne,** die Germanen
die **Ger|ma|nin,**
die Germaninnen
gern oder: gerne
gernhaben
das **Ge|röll**
die **Gers|te**
die **Ger|te,** die Gerten
der **Ge|ruch,** die Gerüche
geruchlos
das **Ge|rücht,** die Gerüchte
die Gerüchteküche
ge|rührt
das **Ge|rüm|pel**
das **Ge|rüst,** die Gerüste

Geschrei

das **Ge|schrei**
das **Ge|schwätz**
die **Ge|schwin|dig|keit,**
  die Geschwindigkeiten
  die Geschwindigkeitskontrolle
die **Ge|schwis|ter**
  ge|schwol|len
das **Ge|schwür,** die Geschwüre
der **Ge|sel|le,** die Gesellen
die **Ge|sel|lin,** die Gesellinnen
die **Ge|sell|schaft,**
  die Gesellschaften
  gesellschaftlich
  das Gesellschaftsspiel
das **Ge|setz,** die Gesetze
  gesetzlich
das **Ge|sicht,** die Gesichter
  der Gesichtsausdruck
  ge|spannt
das **Ge|spenst,** die Gespenster
  gespenstisch
  ge|sperrt
das **Ge|spött**
das **Ge|spräch,** die Gespräche
  gesprächig
  die Gesprächsthematik

ge|spren|kelt
das **Ge|spür**
ge|stal|ten, du gestaltest
  die Gestalt
  die Gestaltung
das **Ge|stam|mel**
das **Ge|länd|nis,**
  die Geständnisse
der **Ge|stank**
die **Ges|te,** die Gesten
  ge|ste|hen, du gestehst,
  er gestand, sie hat
  gestanden
das **Ge|stein,** die Gesteine
das **Ge|stell,** die Gestelle
  ges|tern
  gestern Abend
  gestern früh
  ge|streift
  ge|stresst
das **Ge|strüpp**
das **Ge|stüt,** die Gestüte
  ge|sund, gesünder,
  am gesündesten
  die Gesundheit
  gesundheitsschädlich

der Gestank

64

Girl

das **Ge|tränk,** die Getränke
der Getränkeautomat
das **Ge|trei|de**
die Getreidearten
ge|trennt
getrennt leben
getrennt schreiben
das **Ge|trie|be,** die Getriebe
das **Ge|tu|schel**
das **Ge|wächs,** die Gewächse
das Gewächshaus
die **Ge|walt,** die Gewalten
gewaltlos
die Gewaltprävention
gewalttätig
ge|wal|tig
ge|wandt
das **Ge|wäs|ser,** die Gewässer
der Gewässerschutz
das **Ge|wehr,** die Gewehre
das **Ge|weih,** die Geweihe
die **Ge|werk|schaft,**
die Gewerkschaften
das **Ge|wicht,** die Gewichte
das **Ge|wim|mel**
das **Ge|win|de,** die Gewinde
ge|win|nen, du gewinnst,
er gewann, sie hat
gewonnen
der Gewinn
der Gewinner,
die Gewinnerin
das **Ge|wirr**
ge|wiss
die Gewissheit
das **Ge|wis|sen**
gewissenhaft
gewissenlos
der Gewissensbiss
das **Ge|wit|ter,** die Gewitter
es gewittert
gewittrig
sich **ge|wöh|nen,**
du gewöhnst dich
die Gewohnheit
gewöhnlich
gewohnt
das **Ge|wöl|be,** die Gewölbe
gewölbt
das **Ge|würz,** die Gewürze
gewürzt
das **Ge|wu|sel**
ge|zackt
die **Ge|zei|ten**
ge|zielt
das **Ge|zwit|scher**

Gi
der **Gie|bel,** die Giebel
gie|rig
die Gier
gie|ßen, du gießt, er goss,
sie hat gegossen
die Gießkanne
das **Gift,** die Gifte
giftig
der Giftmüll
gi|gan|tisch
der **Gip|fel,** die Gipfel
der **Gips**
das Gipsbein
gipsen
die **Gi|raf|fe,** die Giraffen
das **Girl,** die Girls

Girlande

die **Gir|lan|de**, die Girlanden
das **Gi|ro|kon|to**,
die Girokonten
die **Gischt** oder: der Gischt
die **Gi|tar|re**, die Gitarren
das **Git|ter**, die Gitter

Gl

der **Gla|di|a|tor**, die Gladiatoren
der **Glanz**
glänzen
glänzend
das **Glas**, die Gläser
der Glasbläser,
die Glasbläserin
gläsern
die **Gla|sur**, die Glasuren
glasieren
glatt, glatter oder: glätter,
am glattesten
oder: am glättesten
die Glätte
das Glatteis
die **Glat|ze**, die Glatzen
glatzköpfig
glau|ben, du glaubst
der Glaube oder: Glauben
gläubig
gleich
gleich groß
gleichberechtigt
das Gleichgewicht
gleichgültig
das Gleichheitszeichen
gleichmäßig
gleichzeitig
das **Gleis**, die Gleise

glei|ten, du gleitest, er glitt,
sie ist geglitten
der **Glet|scher**, die Gletscher
glib|be|rig
das **Glied**, die Glieder
die Gliedmaßen
glie|dern, du gliederst
die Gliederung
glimpf|lich
glit|schig
glit|zern, der Stern glitzert
die **Glo|ba|li|sie|rung**
der **Glo|bus**, die Globusse
oder: die Globen
die **Glo|cke**, die Glocken
das Glockenspiel
glockig
glot|zen, du glotzt
das **Glück**
glücken
glücklich
glücklicherweise
der Glückspilz
der Glückwunsch
glu|ckern, das Wasser
gluckert
glü|hen, die Herdplatte glüht
die Glühbirne
glühend
das Glühwürmchen
die **Glut**, die Gluten
die Gluthitze

Gn

die **Gna|de**, die Gnaden
gnadenlos
gnädig

Graupel

Go

- das **Gold**
- der Goldbarren
- golden
- die Goldmedaille
- das **Golf**
- Golf spielen
- der Golfschläger
- die **Gon|del,** die Gondeln
- der **Gong,** die Gongs
- **gön|nen,** du gönnst
- gönnerhaft
- **goo|geln,** du googelst ⚠
- der **Go|ril|la,** die Gorillas
- der **Gott,** die Götter
- Gott sei Dank!
- der Gottesdienst
- göttlich
- die **Göt|tin,** die Göttinnen

Gr

- **gra|ben,** du gräbst, er grub
- sie hat gegraben
- das Grab
- der Graben
- der **Grad,** die Grade
- der **Graf,** die Grafen
- die **Grä|fin,** die Gräfinnen
- das **Graf|fi|to**
- oder: der Graffito,
- die Graffiti
- das **Gramm** (g)
- die **Gram|ma|tik,**
- die Grammatiken
- grammatikalisch
- **gran|dios**
- **gran|tig**
- die **Grape|fruit,** ⚠
- die Grapefruits
- das **Gras,** die Gräser
- grasen
- **gräss|lich**
- die **Grä|te,** die Gräten
- **gra|tis**
- die **Grät|sche,** die Grätschen
- grätschen
- **gra|tu|lie|ren,** du gratulierst
- die Gratulation
- **grau**
- das Graubrot
- grauhaarig
- gräulich
- das **Grau|en**
- der Gräuel
- grauenhaft
- die **Grau|pel,** die Graupeln
- der Graupelschauer

die Gorillas
(Leibwächter)

grausam

grau|sam
die Grausamkeit
grausig
grei|fen, du greifst, er griff,
sie hat gegriffen
der Greifvogel
der **Greis,** die Greise
die **Grei|sin,** die Greisinnen
grell
die **Gren|ze,** die Grenzen
grenzenlos
Grie|chen|land
die Griechen
griechisch
gries|grä|mig
der **Grieß**
der Grießbrei
der **Griff,** die Griffe
griffbereit
griffig
der **Grill,** die Grills
grillen
die **Gril|le,** die Grillen
die **Gri|mas|se,** die Grimassen
grim|mig
grin|sen, du grinst
die **Grip|pe**
der Grippevirus
oder: das Grippevirus
grob, gröber, am gröbsten
die Grobheit
grog|gy
grö|len, du grölst
die Grölerei
grol|len, du grollst
der Groll
der **Gro|schen,** die Groschen

groß, größer, am größten
großartig
die Größe
die Großeltern
die Großstadt
großzügig
Groß|bri|tan|ni|en
britisch
die **Grot|te,** die Grotten
grottenfalsch
die **Gru|be,** die Gruben
das Grübchen
grü|beln, du grübelst
die **Gruft,** die Grüfte
grün
das Grün
grünlich
der **Grund,** die Gründe
aufgrund oder: auf Grund
die Grundform
der Grundriss
grundsätzlich
die Grundschule
das Grundstück
grün|den, du gründest
die Gründung
gründ|lich
grun|zen, das Ferkel grunzt
die **Grup|pe,** die Gruppen
die Gruppenarbeit
gruppenweise
sich **gru|seln,** ich grusele mich
oder: ich grusle mich
gruselig oder: gruslig
die Gruselgeschichte
der **Gruß,** die Grüße
grüßen

Haken

Gu
gu|cken, du guckst
das Guckloch
das Gu|lasch oder: der Gulasch
der Gul|ly oder: das Gully,
die Gullys
gül|tig
die Gültigkeit
der Gum|mi oder: das Gummi,
die Gummis
das Gummiband
das Gummibärchen
güns|tig
der Gup|py, die Guppys
gur|geln, du gurgelst
die Gurgel
die Gur|ke, die Gurken
gur|ren, die Taube gurrt
der Gurt, die Gurte
der Gür|tel, die Gürtel
der Guss, die Güsse
gut, besser, am besten
alles Gute
gute Nacht
gutmütig
der Gutschein
guttun
das Gut, die Güter
der Güterwagen
die Gü|te
gütig

Gy
das Gym|na|si|um,
die Gymnasien
die Gym|nas|tik
das Gy|ros

Ha
das Haar, die Haare
um Haaresbreite
haarscharf
das Haarspray
haarsträubend
das Härchen
ha|ben, du hast, er hatte,
sie hat gehabt, ich hätte
hab|gie|rig
der Ha|bicht, die Habichte
ha|cken, du hackst
die Hacke
der Ha|fen, die Häfen
der Ha|fer
die Haferflocke
der Haf|lin|ger, die Haflinger
die Haft
der Haftbefehl
haften
der Häftling
die Ha|ge|but|te, die Hagebutten
der Ha|gel
hageln
ha|ger
der Hahn, die Hähne
der Hah|nen|fuß
der Hai, die Haie
hä|keln, du häkelst
die Häkelnadel
der Ha|ken, die Haken
die Hakennase
einen Haken schlagen

69

halb

die Häufchen

halb
halb zwei
die halbe Stunde
halbieren
der Halbmond
halbtags
die Halbzeit
die **Hälf|te,** die Hälften
das **Half|ter,** die Halfter
die **Hal|le,** die Hallen
das Hallenbad
hal|len, es hallt
die **Hal|lig,** die Halligen
hal|lo
das **Hal|lo|ween**
die **Ha|lo|gen|lam|pe,**
die Halogenlampen
der **Hals,** die Hälse
das Halsweh
hal|ten, du hältst, er hielt,
sie hat gehalten
haltbar
die Haltestelle
das Halteverbot
die **Hal|tung,** die Haltungen
Ham|burg
der **Ham|bur|ger,**
die Hamburger
der **Ham|mel,** die Hammel
der **Ham|mer,** die Hämmer
hämmern

ham|peln, du hampelst
der **Hams|ter,** die Hamster
hamstern
die **Hand,** die Hände
eine Handvoll
oder: eine Hand voll
handbreit
handlich
handschriftlich
der Handstand
das Handtuch
der **Hand|ball,** die Handbälle
Handball spielen
han|deln, du handelst
der Handel
der Händler, die Händlerin
die Handlung
das **Hand|werk,** die Handwerke
der Handwerker,
die Handwerkerin
das **Han|dy,** die Handys
der **Hang,** die Hänge
hän|gen, das Bild hängt,
es hing, es hat gehangen
die Hängematte
Han|no|ver
hän|seln, du hänselst
hap|py
das Happy End
oder: Happyend
die **Hard|ware**
die **Har|fe,** die Harfen

Hefe

die **Har|ke,** die Harken
harm|los
die **Har|mo|nie,** die Harmonien
harmonisch
der **Harn**
die Harnblase
die **Har|pu|ne,** die Harpunen
hart, härter, am härtesten
die Härte
hart gekocht
hartherzig
hartnäckig
das **Harz,** die Harze
der **Ha|se,** die Hasen
die **Ha|sel|nuss,** die Haselnüsse
has|sen, du hasst
der Hass
hasserfüllt
häss|lich
du **hast** → haben
die **Hast**
hastig
sie **hat** → haben
er **hat|te** → haben
ich **hät|te** → haben
der **Hauch**
hauchdünn
hauchen
hau|en, du haust
der **Hau|fen,** die Haufen
das Häufchen
häu|fig
das **Haupt,** die Häupter
der Hauptbahnhof (Hbf)
hauptsächlich
der Hauptsatz
die Hauptstadt

der **Häupt|ling,** die Häuptlinge
das **Haus,** die Häuser
nach Hause
oder: nachhause
zu Hause oder: zuhause
die Hausaufgabe
hausen
der Haushalt
haushoch
der Hausschlüssel
die **Haut,** die Häute
der Hautausschlag
sich häuten
hauteng
die Hautfarbe

He

die **Heb|am|me,** die Hebammen
der **He|bel,** die Hebel
he|ben, du hebst, er hob,
sie hat gehoben
der **Hecht,** die Hechte
hechten
der Hechtsprung
das **Heck,** die Hecks
oder: Hecke
die Heckscheibe
die **He|cke,** die Hecken
das **Heer,** die Heere
die **He|fe**
der Hefekuchen

71

Heft

das **Heft,** die Hefte
heften
der Hefter
hef|tig
die **Hei|de**
das Heidekraut
die **Hei|del|bee|re,**
die Heidelbeeren
hei|kel
heil
heilbar
heilen
heilfroh
die Heilung
hei|lig
der Heilige Abend
das Heiligtum
das **Heim,** die Heime
heimkommen
das Heimspiel
das Heimweh
die **Hei|mat**
heimatlos
heim|lich
die Heimlichkeit
hei|ra|ten, du heiratest
die Heirat
hei|ser
die Heiserkeit
heiß
Heißhunger haben

hei|ßen, du heißt, er hieß,
sie hat geheißen
hei|ter
die Heiterkeit
hei|zen, du heizt
der Heizkörper
die Heizung
hek|tisch
die Hektik
der **Held,** die Helden
die Heldentat
die **Hel|din,** die Heldinnen
hel|fen, du hilfst, er half,
sie hat geholfen
der Helfer, die Helferin
hell
hellgrün
die Helligkeit
hellwach
der **Helm,** die Helme
das **Hemd,** die Hemden
die **Hem|mung,** die Hemmungen
hemmungslos
der **Hengst,** die Hengste
der **Hen|kel,** die Henkel
die **Hen|ne,** die Hennen
her
hergeben
herkommen
hin und her
he|rab
he|ran
he|rauf

Himbeere

he|raus
her|bei
die Her|ber|ge, die Herbergen
der Herbst, die Herbste
herbstlich
der Herd, die Herde
die Herdplatte
die Her|de, die Herden
he|rein
der He|ring, die Heringe
die Her|kunft, die Herkünfte
der Herr, die Herren
herrenlos
die Herrin, die Herrinnen
herr|lich
die Herrlichkeit
herr|schen, du herrschst
die Herrschaft
herrschaftlich
der Herrscher,
die Herrscherin
her|stel|len, du stellst her
die Herstellung
he|rü|ber
he|rum
he|run|ter
her|vor
hervorragend
das Herz, die Herzen
der Herzenswunsch
herzlich
herzlos
Hes|sen
het|zen, du hetzt
die Hetze
die Hetzerei

das Heu
der Heuschnupfen
heu|cheln, du heuchelst
die Heuchelei
heuchlerisch
heu|len, du heulst
die Heu|schre|cke, die Heuschrecken
heu|te
heute Abend
heute früh
heutzutage
die He|xe, die Hexen
die Hexerei

Hi

der Hieb, die Hiebe
hier
hierbleiben
hier|her
hiermit
die Hie|ro|gly|phe, die Hieroglyphen
die Hil|fe, die Hilfen
hilflos
hilfsbedürftig
hilfsbereit
die Him|bee|re, die Himbeeren

heimlich

Himmel

der **Him|mel,** die Himmel
himmelhoch
die Himmelsrichtung
himmlisch
hin
hin und her
die Hinfahrt
hinfallen
hi|nauf
hi|naus
das **Hin|der|nis,** die Hindernisse
hindern
der **Hin|du|is|mus**
hi|nein
hin|ken, du hinkst
hin|ten
hin|ter, hintere
die hintere Reihe
hintereinander
der Hintergrund
hinterher
hin|ter|lis|tig
der **Hin|tern,** die Hintern 
hi|nü|ber
hi|nun|ter
der **Hin|weis,** die Hinweise
das **Hirn,** die Hirne
der **Hirsch,** die Hirsche
das Hirschgeweih
die **Hir|se**

der **Hir|te** oder: Hirt, die Hirten
der **Hit,** die Hits
die Hitparade
die **Hit|ze**
Hitzefrei haben
oder: hitzefrei haben

Ho

das **Hob|by,** die Hobbys
der **Ho|bel,** die Hobel
hobeln
hoch, höher, am höchsten
der hohe Turm
das Hoch
hochbegabt
das Hochhaus
hochkant
hochnäsig
der Hochsprung
die Höchstgeschwindigkeit
das Hochwasser
höchs|tens
die **Hoch|zeit,** die Hochzeiten
das Hochzeitskleid
ho|cken, du hockst
die Hocke
der Hocker
der **Hö|cker,** die Höcker
das **Ho|ckey**
Hockey spielen
der **Ho|den,** die Hoden
der **Hof,** die Höfe

Humus

	hof|fen, du hoffst
	hoffentlich
die	Hoffnung
	hoffnungslos
	höf|lich
	die Höflichkeit
die	**Hö|he,** die Höhen
	der Höhepunkt
	hohl
die	**Höh|le,** die Höhlen
der	**Hohn**
	höhnisch
der	**Ho|kus|po|kus**
	ho|len, du holst
	Hol|land
	holländisch
die	**Höl|le,** die Höllen
	hol|pe|rig oder: holprig
das	**Holz,** die Hölzer
	der Holzwurm
die	**Home|page,** 💬❗
	die Homepages
	ho|mo|se|xu|ell
der	**Ho|nig**
	honigsüß
der	**Hop|fen**
	hop|peln, du hoppelst
	Hopp|la!
	hop|sen, du hopst
	hor|chen, du horchst
	hö|ren, du hörst
	der Hörer, die Hörerin
	das Hörgerät

der	**Ho|ri|zont,** die Horizonte
	horizontal
das	**Horn,** die Hörner
die	**Hor|nis|se,** die Hornissen
der	**Hor|ror**
	der Horrorfilm
der	**Hort,** die Horte
die	**Ho|se,** die Hosen
das	**Ho|tel,** die Hotels
	das Hotelzimmer
die	**Hot|line,** die Hotlines

Hu

	hübsch
der	**Hub|schrau|ber,** die Hubschrauber
	hu|cke|pack
	huckepack tragen
der	**Huf,** die Hufe
	das Hufeisen
die	**Hüf|te,** die Hüften
der	**Hü|gel,** die Hügel
	hü|ge|lig oder: hüglig
das	**Huhn,** die Hühner
die	**Hül|le,** die Hüllen
die	**Hül|se,** die Hülsen
	die Hülsenfrucht
die	**Hum|mel,** die Hummeln
der	**Hu|mor**
	humorvoll
	hum|peln, du humpelst
der	**Hu|mus**

das Hochwasser

Hu**nd**

- der **Hund,** die Hunde
- hundemüde
- die Hunderasse
- hundsgemein
- **hun|dert**
- hundert Euro
- hundertmal
- der Hundertmeterlauf
- hunderttausend
- der **Hun|ger**
- Hunger haben
- hungern
- hungrig
- die **Hu|pe,** die Hupen
- hupen
- **hüp|fen,** du hüpfst
- die **Hür|de,** die Hürden
- der Hürdenlauf
- **Hur|ra!**
- **hu|schen,** du huschst
- **hus|ten,** du hustest
- der Husten
- der **Hut,** die Hüte
- **hü|ten,** du hütest
- sich hüten
- auf der Hut sein
- die **Hüt|te,** die Hütten

Hy

- die **Hy|ä|ne,** die Hyänen
- die **Hy|a|zin|the,** die Hyazinthen
- der **Hy|drant,** die Hydranten
- **hy|gi|e|nisch**
- die Hygiene
- die **Hym|ne,** die Hymnen
- **hy|per|ak|tiv**
- die **Hy|po|the|se,** die Hypothesen

I

Ic
- der **ICE,** die ICEs
- der Intercityexpress
- **ich**

Id
- **ide|al**
- die **Idee,** die Ideen
- **iden|ti|fi|zie|ren,**
- du identifizierst
- **idi|o|tisch**

Ig
- der **Igel,** die Igel
- der **Ig|lu** oder: das Iglu, die Iglus

Ih
- **ihm**
- ich schenke ihm ein Buch
- **ihn**
- ich liebe ihn
- **ih|nen**
- ich gebe ihnen Unterricht
- **ihr**
- ihr seid groß
- ich reiche ihr die Tasse
- **ih|re**
- das sind ihre Sachen

Il
- die **Il|lu|si|on,** die Illusionen
- die **Il|lus|tra|ti|on,** die Illustrationen

inzwischen

Im
im (in dem)
im Garten
der **Im|biss,** die Imbisse
der **Im|ker,** die Imker
die **Im|ke|rin,** die Imkerinnen
im|mer
immer wieder
immerzu
imp|fen, du wirst geimpft
der Impfpass
die Impfung
im|po|nie|ren,
du imponierst mir
im|por|tie|ren, du importierst

In
in
in diesem Zimmer
in sein
in|dem
der **In|di|a|ner,** die Indianer
die **In|di|a|ne|rin,**
die Indianerinnen
In|di|en
indisch
die **In|dus|trie,** die Industrien
industriell
in|ei|nan|der
die **In|fek|tion,** die Infektionen
der Infekt
der **In|fi|ni|tiv,** die Infinitive
die **In|for|ma|ti|on,**
die Informationen
der Informatiker,
die Informatikerin
informieren

der **In|ge|nieur,** die Ingenieure
die **In|ge|nieu|rin,**
die Ingenieurinnen
der **In|ha|ber,** die Inhaber
die **In|ha|be|rin,** die Inhaberinnen
in|ha|lie|ren, du inhalierst
der **In|halt,** die Inhalte
das Inhaltsverzeichnis
die **In|klu|si|on,** die Inklusionen
die **In|line|skates**
in|nen
die Innenstadt
in|ner|halb
ins (in das)
ins Haus gehen
das **In|sekt,** die Insekten
die **In|sel,** die Inseln
ins|ge|samt
der **In|stinkt,** die Instinkte
das **In|stru|ment,** die Instrumente
die **In|te|gra|ti|on**
integrieren
in|tel|li|gent
die Intelligenz
in|ten|siv
die Intensivstation
in|te|res|sant
das Interesse
sich interessieren
das **In|ter|nat,** die Internate
in|ter|na|ti|o|nal
das **In|ter|net**
das **In|ter|view,** die Interviews
interviewen
in|to|le|rant
die **Inu|it**
in|zwi|schen

77

irgendein

Ir
ir|gend|ein, irgendeine, irgendeiner
ir|gend|je|mand
ir|gend|wann
ir|gend|was
ir|gend|wie
ir|gend|wo
ir|gend|wo|her
Ir|land
irisch
iro|nisch
die Ironie
ir|re oder: irr
ir|ren, du irrst
sich irren
die Irrfahrt
der Irrgarten
irrsinnig
der Irrtum

Is
der **Is|lam**
islamisch
Is|land
isländisch
iso|lie|ren, du isolierst
das Isolierband
die Isolierstation
die Isomatte
Is|ra|el
israelisch
er **ist** → sein

It
Ita|li|en
italienisch

J

Ja
ja
die **Jacht,** die Jachten
die **Ja|cke,** die Jacken
ja|gen, du jagst
die Jagd
der Jagdhund
der Jäger, die Jägerin
das **Jahr,** die Jahre
jahrelang
der Jahrestag
die Jahreszeit
das Jahrhundert
jährlich
jäh|zor|nig
die **Ja|lou|sie,** die Jalousien ⚠️
jam|mern, du jammerst
jämmerlich
der **Ja|nu|ar**
Ja|pan
japanisch
jä|ten, du jätest Unkraut
die **Jauche**
die Jauchegrube
jauch|zen, du jauchzt
der Jauchzer
jau|len, der Hund jault

Je
je
je drei
je mehr, desto besser
je nachdem

78

Jux

die **Jeans,** die Jeans
je|de, jeder, jedes
jedenfalls
jederzeit
jedes Mal
je|doch
der **Jeep,** die Jeeps
je|mals
je|mand
irgendjemand
je|ne, jener, jenes
jen|seits
Je|sus
jetzt
bis jetzt
je|weils

Jo

der **Job,** die Jobs
jobben
das Jobcenter
die Jobsuche
der **Jo|ckey,** die Jockeys
jo|deln, du jodelst
jog|gen, du joggst
der Jogginganzug
der **Jo|ghurt** oder: das Joghurt, die Joghurts
der **Jo|gurt** oder: das Jogurt, die Jogurts
die **Jo|han|nis|bee|re,** die Johannisbeeren
joh|len, du johlst
das **Jo-Jo,** die Jo-Jos
der **Jo|ker,** die Joker
jong|lie|ren, du jonglierst
der Jongleur, die Jongleurin

der **Jour|na|list,** die Journalisten
die **Jour|na|lis|tin,** die Journalistinnen
der **Joy|stick,** die Joysticks

Ju

ju|beln, du jubelst
der Jubel
das **Ju|bi|lä|um,** die Jubiläen
ju|cken, es juckt
der Juckreiz
das **Ju|den|tum**
der Jude, die Jüdin
jüdisch
das **Ju|do**
die **Ju|gend**
das Jugendamt
die Jugendherberge
jugendlich
der Jugendliche, die Jugendliche
der **Ju|li**
der **Jum|bo|jet,** die Jumbojets
jung, jünger, am jüngsten
Jung und Alt
der Junggeselle
das **Jun|ge** (Tierkind), die Jungen
der **Jun|ge** (kein Mädchen), die Jungen
der **Ju|ni**
der **Ju|pi|ter**
die **Ju|ry,** die Jurys
das **Ju|wel,** die Juwelen
der Juwelier, die Juwelierin
der **Jux**

Kabel

Ka

das **Ka|bel,** die Kabel
kabellos
der **Ka|bel|jau,** die Kabeljaue
oder: Kabeljaus
die **Ka|bi|ne,** die Kabinen
die **Ka|chel,** die Kacheln
der Kachelofen
der **Kä|fer,** die Käfer
der **Kaf|fee**
Kaffee trinken
die Kaffeebohne
der Kaffeeklatsch
der **Kä|fig,** die Käfige
die Käfighaltung
kahl
kahl fressen
kahlköpfig
der Kahlschlag
der **Kahn,** die Kähne
der **Kai,** die Kais
der **Kai|ser,** die Kaiser
die Kaiserkrone
der Kaiserschmarren
die **Kai|se|rin,** die Kaiserinnen
der **Ka|jak** oder: das Kajak,
die Kajaks
die **Ka|jü|te,** die Kajüten
der **Ka|kao**
der Kakaobaum
der **Ka|ker|lak** oder: die
Kakerlake, die Kakerlaken
der **Kak|tus,** die Kakteen

das **Kalb,** die Kälber
das **Ka|lei|dos|kop,**
die Kaleidoskope
der **Ka|len|der,** die Kalender
der **Kalk**
der Kalkstein
kalkweiß
die **Ka|lo|rie,** die Kalorien
kalt, kälter, am kältesten
kaltblütig
die Kälte
das **Ka|mel,** die Kamele
die **Ka|me|ra,** die Kameras
der **Ka|me|rad,** die Kameraden
kameradschaftlich
die **Ka|me|ra|din,**
die Kameradinnen
die **Ka|mil|le**
der Kamillentee
der **Ka|min,** die Kamine
der **Kamm,** die Kämme
sich kämmen
die **Kam|mer,** die Kammern
der Kammerjäger
die **Kam|pa|gne,**
die Kampagnen
der **Kampf,** die Kämpfe
kampfbereit
kämpfen
der Kämpfer, die Kämpferin
kämpferisch
Ka|na|da
kanadisch
der **Ka|nal,** die Kanäle
die Kanalisation
der **Ka|na|ri|en|vo|gel,**
die Kanarienvögel

Kasper

der **Kan|di|dat**, die Kandidaten
die Kanditatur
kandidieren
die **Kan|di|da|tin**,
die Kandidatinnen
das **Kän|gu|ru**, die Kängurus
das **Ka|nin|chen**, die Kaninchen
der **Ka|nis|ter**, die Kanister
die **Kan|ne**, die Kannen
das Kännchen
der **Ka|non**, die Kanons
die **Ka|no|ne**, die Kanonen
die Kanonenkugel
die **Kan|te**, die Kanten
kantig
die **Kan|ti|ne**, die Kantinen
das **Ka|nu**, die Kanus
die **Kan|zel**, die Kanzeln
der **Kanz|ler**, die Kanzler
die **Kanz|le|rin**,
die Kanzlerinnen
die **Ka|pel|le**, die Kapellen
ka|pern, ein Schiff wird gekapert
ka|pie|ren, du kapierst
der **Ka|pi|tän**, die Kapitäne
das **Ka|pi|tel**, die Kapitel
die Kapitelüberschrift
die **Kap|pe**, die Kappen
das Käppchen
die **Kap|sel**, die Kapseln
ka|putt
kaputtgehen
kaputt sein
die **Ka|pu|ze**, die Kapuzen
das **Ka|ra|te**
die **Ka|ra|wa|ne**, die Karawanen

der **Kar|di|nal**, die Kardinäle
karg
ka|riert
die **Ka|ri|es**
kariös
die **Ka|ri|ka|tur**, die Karikaturen
der **Kar|ne|val**
der Karnevalszug
das **Ka|ro**, die Karos
die **Ka|ros|se|rie**,
die Karosserien
die **Ka|rot|te**, die Karotten
der **Karp|fen**, die Karpfen
die **Kar|re** oder: der Karren,
die Karren
karren
der **Kar|ri|e|re**, die Karrieren
die Karriereleiter
die **Kar|te**, die Karten
das Kartenspiel
die **Kar|tei**, die Karteien
der Karteikasten
die **Kar|tof|fel**, die Kartoffeln
die Kartoffelchips
der Kartoffelpuffer
das Kartoffelpüree
der **Kar|ton**, die Kartons
das **Ka|rus|sell**, die Karussells
oder: Karusselle
der **Kä|se**, die Käse
der Käseaufschnitt
käseweiß
die **Ka|ser|ne**, die Kasernen
der **Kas|per**, die Kasper
das Kasperle
oder: der Kasperle
das Kasperletheater

Kasse

die **Kas|se,** die Kassen
kassieren
der Kassierer,
die Kassiererin
die **Kas|set|te,** die Kassetten
die **Kas|ta|nie,** die Kastanien
kastanienbraun
der **Kas|ten,** die Kästen
der **Ka|ta|log,** die Kataloge
der **Ka|ta|ly|sa|tor,**
die Katalysatoren
der Kat
die **Ka|tas|tro|phe,**
die Katastrophen
katastrophal
der **Ka|ter,** die Kater
die **Ka|the|dra|le,**
die Kathedralen
ka|tho|lisch
der Katholik, die Katholikin
die **Kat|ze,** die Katzen
das Katzenauge
der Katzensprung
die Katzenwäsche
kau|en, du kaust
der Kaugummi
oder: das Kaugummi
kau|ern, du kauerst
kau|fen, du kaufst
der Kauf
der Käufer, die Käuferin
das Kaufhaus
die Kaufleute
käuflich
die **Kaul|quap|pe,**
die Kaulquappen
kaum

der **Kauz,** die Käuze
das Käuzchen

Ke

der **Ke|bab,** die Kebabs
der **Ke|gel,** die Kegel
die Kegelbahn
kegeln
die **Keh|le,** die Kehlen
der Kehlkopf
keh|ren, du kehrst
die Kehrmaschine
kei|fen, du keifst
der **Keil,** die Keile
der **Keim,** die Keime
keimen
der Keimling

der Kerzenständer

Kino

kein, keine, keiner
keinesfalls
keineswegs
der Keks oder: das Keks,
die Kekse oder: Keks
die Keksdose
der Kelch, die Kelche
die Kel|le, die Kellen
der Kel|ler, die Keller
die Kellertreppe
der Kell|ner, die Kellner
die Kell|ne|rin, die Kellnerinnen
die Kel|ten
keltisch
ken|nen, du kennst,
er kannte, sie hat gekannt
die Kenntnis
das Kennwort
das Kennzeichen
ken|tern, das Boot kentert
die Ke|ra|mik, die Keramiken
die Ker|be, die Kerben
der Kerl, die Kerle
der Kern, die Kerne
kerngesund
das Kernobst
das Kern|kraft|werk,
die Kernkraftwerke
die Kernenergie
die Ker|ze, die Kerzen
kerzengerade
der Kerzenständer
der Kes|sel, die Kessel
das Ket|chup oder: der Ketchup
das Ket|schup
oder: der Ketschup
die Ket|te, die Ketten

keu|chen, du keuchst
der Keuchhusten
die Keu|le, die Keulen
das Key|board,
die Keyboards

Ki

ki|chern, du kicherst
ki|cken, du kickst
kid|nap|pen, er wird
gekidnappt
die Kids
der Kie|fer (Knochen),
die Kiefer
der Kieferorthopäde
die Kie|fer (Baum), die Kiefern
das Kiefernholz
Kiel
der Kiel, die Kiele
die Kie|me, die Kiemen
der Kies
der Kieselstein
die Kiesgrube
das Ki|lo (kg), die Kilos
das Kilogramm
der Ki|lo|me|ter (km),
die Kilometer
der Kilometerzähler
das Kind, die Kinder
kinderleicht
die Kindheit
kindisch
kindlich
die Kindertagesstätte
das Kinn, die Kinne
der Kinnhaken
das Ki|no, die Kinos

Kiosk

der **Ki|osk,** die Kioske
kip|pen, du kippst
das Kippfenster
die **Kir|che,** die Kirchen
die Kirchenglocke
kirchlich
die **Kir|mes**
die **Kir|sche,** die Kirschen
der Kirschbaum
kirschrot
der Kirschsaft
das **Kis|sen,** die Kissen
die Kissenschlacht
die **Kis|te,** die Kisten
der **Kitsch**
kitschig
der **Kitt**
kitten
der **Kit|tel,** die Kittel
kit|zeln, du kitzelst
kitzelig oder: kitzlig
die **Ki|wi,** die Kiwis

Kl

die **Klad|de,** die Kladden
kläf|fen, der Hund kläfft
der Kläffer

kla|gen, du klagst
die Klage
der Kläger, die Klägerin
die **Klam|mer,** die Klammern
klammern
die **Kla|mot|ten**
der **Klang,** die Klänge
die **Klap|pe,** die Klappen
klap|pen, es klappt
klap|pern, die Tür klappert
klapperig oder: klapprig
die Klapperschlange
klar
die Kläranlage
klären
die Klarsichtfolie
die **Kla|ri|net|te,** die Klarinetten
die **Klas|se,** die Klassen
die Klassenfahrt
der Klassenrat
klas|se (sein)
klas|sisch
klat|schen, du klatschst
klatsch|nass
die **Klaue,** die Klauen
klau|en, du klaust
das **Kla|vier,** die Klaviere

in der Klemme sitzen

knattern

kle|ben, du klebst
klebrig
der Klebstoff
der Klecks, die Kleckse
kleckern
klecksen
der Klee
das Kleeblatt
das Kleid, die Kleider
sich kleiden
die Kleidung
klein
ein klein wenig
Groß und Klein
etwas Kleines
kleinlich
der Kleis|ter, die Kleister
klem|men, die Tür klemmt
die Klemme
in der Klemme sitzen
der Klemp|ner, die Klempner
die Klemp|ne|rin,
die Klempnerinnen
die Klet|te, die Kletten
der Klettverschluss
klet|tern, du kletterst
der Kletterer, die Kletterin
kli|cken, die Kamera klickt
der Klick, die Klicks
das Kli|ma
die Klimaanlage
klim|pern, du klimperst
die Klin|ge, die Klingen
klin|geln, du klingelst
die Klingel
klin|gen, die Glocke klingt,
sie klang, sie hat geklungen

die Kli|nik, die Kliniken
die Klip|pe, die Klippen
klipp und klar
klir|ren, das Glas klirrt
klit|ze|klein
das Klo, die Klos
klo|nen, das Schaf wird
geklont
klop|fen, du klopfst
das Klopfzeichen
der Klops, die Klopse
der Kloß, die Klöße
das Klos|ter, die Klöster
der Klotz, die Klötze
klotzig
der Klub, die Klubs
klug, klüger, am klügsten
die Klugheit
der Klum|pen, die Klumpen

Kn

knab|bern, du knabberst
der Kna|be, die Knaben
das Knä|cke|brot,
die Knäckebrote
kna|cken, du knackst
knackig
der Knacks
knal|len, die Tür knallt
der Knall
der Knaller
knallrot
knapp
die Knappheit
knar|ren, der Boden knarrt
knat|tern, der Auspuff
knattert

Knäuel

der **Knäu|el** oder: das Knäuel,
die Knäuel
knau|sern, du knauserst
knauserig oder: knausrig
der **Kne|bel,** die Knebel
knebeln
der **Knecht,** die Knechte
knei|fen, du kneifst, er kniff,
sie hat gekniffen
die Kneifzange
die **Knei|pe,** die Kneipen
kne|ten, du knetest
die Knetmasse
kni|cken, du knickst
der Knick
der **Knicks,** die Knickse
knicksen
das **Knie,** die Knie
die Kniebeuge
die Kniekehle
knien
der **Kniff,** die Kniffe
kniffelig oder: knifflig
knip|sen, du knipst
der Knipser
der **Knirps,** die Knirpse
knir|schen, du knirschst
knis|tern, das Feuer knistert
knit|tern, der Stoff knittert
kno|beln, du knobelst
der **Knob|lauch**
die Knoblauchzehe
der **Knö|chel,** die Knöchel
der **Kno|chen,** die Knochen
das Knochenmark
knochentrocken
knochig

der **Knö|del,** die Knödel
die **Knol|le,** die Knollen
der **Knopf,** die Knöpfe
der Knopfdruck
knöpfen
der **Knor|pel,** die Knorpel
knorpelig oder: knorplig
knor|rig
die **Knos|pe,** die Knospen
der **Kno|ten,** die Knoten
knoten
der **Knül|ler,** die Knüller
knüp|fen, du knüpfst
der **Knüp|pel,** die Knüppel
knur|ren, der Hund knurrt
knus|pern, du knusperst
das Knusperhäuschen
knusperig oder: knusprig
knut|schen, du knutschst

Ko

der **Ko|a|la,** die Koalas
die **Ko|a|li|ti|on,** die Koalitionen
der **Ko|bold,** die Kobolde
die **Ko|bra,** die Kobras
ko|chen, du kochst
der Koch, die Köchin
kochend heiß
der **Kode,** die Kodes
der **Kö|der,** die Köder
ködern
der **Kof|fer,** die Koffer
der Kofferraum
der **Kohl**
der Kohlrabi
die **Koh|le,** die Kohlen
kohlrabenschwarz

86

Konfetti

das **Koh|len|di|oxid,**
oder: Kohlendioxyd
die **Koh|len|säu|re**
die **Ko|je,** die Kojen
die **Ko|kos|nuss,**
die Kokosnüsse
der **Kol|ben,** die Kolben
der **Kol|le|ge,** die Kollegen
die **Kol|le|gin,** die Kolleginnen
die **Ko|lon|ne,** die Kolonnen
das **Ko|ma**
im Koma liegen
kom|bi|nie|ren,
du kombinierst
die Kombination
der **Ko|met,** die Kometen
der **Kom|fort**
komfortabel
ko|misch
der Komiker, die Komikerin
komischerweise
das **Kom|ma,** die Kommas
oder: Kommata
kom|man|die|ren,
du kommandierst
das Kommando
kom|men, du kommst,
er kam, sie ist gekommen
der **Kom|men|tar,**
die Kommentare
der **Kom|mis|sar,**
die Kommissare
die **Kom|mis|sa|rin,**
die Kommissarinnen
die **Kom|mo|de,** die Kommoden
die **Kom|mu|ni|ka|ti|on**
die **Kom|mu|ni|on,**

knutschen

die Kommunionen
kom|pakt
der **Kom|pass,** die Kompasse
kom|plett
das **Kom|pli|ment,**
die Komplimente
der **Kom|pli|ze,** die Komplizen
kom|pli|ziert
die **Kom|pli|zin,**
die Komplizinnen
der **Kom|po|nist,**
die Komponisten
die **Kom|po|nis|tin,**
die Komponistinnen
der **Kom|post**
das **Kom|pott,** die Kompotte
die **Kom|pres|se,**
die Kompressen
der **Kom|pro|miss,**
die Kompromisse
die **Kon|di|ti|on**
die **Kon|di|to|rei,**
die Konditoreien
das **Kon|dom,** die Kondome
die **Kon|fe|renz,**
die Konferenzen
das **Kon|fet|ti**

Konfirmation

die **Kon|fir|ma|ti|on,**
die Konfirmationen
die **Kon|fi|tü|re,** die Konfitüren
der **Kon|flikt,** die Konflikte
der **Kö|nig,** die Könige
königlich
die **Kö|ni|gin,** die Königinnen
die **Kon|kur|renz,**
die Konkurrenzen
konkurrieren
kön|nen, du kannst,
er konnte, sie hat gekonnt
der Könner, die Könnerin
der **Kon|rek|tor,** die Konrektoren
die **Kon|rek|to|rin,**
die Konrektorinnen
kon|se|quent
die **Kon|ser|ve,** die Konserven
konserviert
das Konservierungsmittel
der **Kon|so|nant,**
die Konsonanten
kon|stru|ie|ren,
du konstruierst
die Konstruktion
der **Kon|sum**

kopfüber

der **Kon|takt,** die Kontakte
die Kontaktlinse
der **Kon|ti|nent,** die Kontinente
das **Kon|to,** die Kontos
oder: Konten
kon|tra
der **Kon|tra|bass,**
die Kontrabässe
der **Kon|trast,** die Kontraste
die **Kon|trol|le,** die Kontrollen
der Kontrolleur,
die Kontrolleurin
kontrollieren
sich **kon|zen|trie|ren,**
du konzentrierst dich
die Konzentration
das **Kon|zert,** die Konzerte
der **Kopf,** die Köpfe
von Kopf bis Fuß
köpfen
der Kopfhörer
das Kopfrechnen
der Kopfsprung
kopfüber
ko|pie|ren, du kopierst
die Kopie
der Kopierer
die **Kop|pel,** die Koppeln
die **Ko|ral|le,** die Korallen
das Korallenriff
der **Ko|ran**
der **Korb,** die Körbe
der Korbball
die **Kor|del,** die Kordeln
der **Kork**
der Korken
der Korkenzieher

Krater

das **Korn,** die Körner
die Kornblume
körnig
der **Kör|per,** die Körper
der Körperteil
kor|rekt
die Korrektur
kor|ri|gie|ren, du korrigierst
der **Ko|se|na|me,** die Kosenamen
die **Kos|me|tik**
der **Kos|mos**
der Kosmonaut,
die Kosmonautin
kost|bar
die Kostbarkeit
kos|ten (probieren),
du kostest das Eis
köstlich
die Kostprobe
kos|ten (Geld kosten),
es kostet
die Kosten
kostenlos
das **Kos|tüm,** die Kostüme
kostümieren
der **Kot**
der Kotflügel
das **Ko|te|lett,** die Koteletts
kot|zen, du kotzt

Kr

die **Krab|be,** die Krabben
der Krabbenfischer
krab|beln, das Baby
krabbelt
der **Krach,** die Kräche
Krach haben
Krach machen
kräch|zen, du krächzt
die **Kraft,** die Kräfte
kräftig
kraftlos
das Kraftwerk
das **Kraft|fahr|zeug** (Kfz),
die Kraftfahrzeuge
der Kfz-Mechaniker,
die Kfz-Mechanikerin
der **Kra|gen,** die Kragen
die **Krä|he,** die Krähen
krä|hen, der Hahn kräht
der **Kra|ke,** die Kraken
kra|ke|lig oder: kraklig
die **Kral|le,** die Krallen
der **Kram**
kramen
der **Krampf,** die Krämpfe
krampfhaft
der **Kran,** die Kräne
der Kranführer,
die Kranführerin
der **Kra|nich,** die Kraniche
krank, kränker,
am kränksten
der Kranke, die Kranke
das Krankenhaus
der Krankenpfleger,
die Krankenschwester
der Krankenwagen
die Krankheit
sich kranklachen
krän|ken, du kränkst
der **Kranz,** die Kränze
krass
der **Kra|ter,** die Krater

kratzen

krat|zen, du kratzt
sich kratzen
der Kratzer
kratzig
krau|len, du kraulst
kraus
kräuseln
das **Kraut**, die Kräuter
der Kräutertee
der **Kra|wall**
die **Kra|wat|te**, die Krawatten
der **Krebs** (Schalentier),
die Krebse
krebsrot
der **Krebs** (Krankheit)
krebskrank
der **Kre|dit**, die Kredite
die Kreditkarte
die **Krei|de**, die Kreiden
kreidebleich
der **Kreis**, die Kreise
der Kreisel
kreisen
kreisförmig
der Kreislauf
die Kreissäge
der Kreisverkehr
krei|schen, du kreischst
das **Krepp|pa|pier**
oder: Krepp-Papier
die **Kres|se**
das **Kreuz**, die Kreuze
kreuz und quer
kreuzen
die Kreuzung
die **Kreuz|ot|ter**, die Kreuzottern
krib|beln, die Haut kribbelt

krie|chen, du kriechst,
er kroch, sie ist gekrochen
das Kriechtier
der **Krieg**, die Kriege
kriegerisch
krie|gen, du kriegst
die **Kri|mi|na|li|tät**
die Kriminalpolizei (Kripo)
der Kriminalroman (Krimi)
kriminell
der **Krims|krams**
der **Krin|gel**, die Kringel
die **Krip|pe**, die Krippen
das Krippenspiel
die **Kri|se**, die Krisen
krisenfest
der **Kris|tall**, die Kristalle
die **Kri|tik**, die Kritiken
kritisch
kritisieren
krit|zeln, du kritzelst
Kro|a|ti|en
kroatisch
die **Kro|ket|te**, die Kroketten
das **Kro|ko|dil**, die Krokodile
der **Kro|kus**, die Krokusse
die **Kro|ne**, die Kronen
krönen
kross
die **Krö|te**, die Kröten
die **Krü|cke**, die Krücken
der **Krug**, die Krüge
der **Krü|mel**, die Krümel
krümeln
krumm
die **Krus|te**, die Krusten
das Krustentier

Kurs

Ku
- der **Kü|bel**, die Kübel
- die **Kü|che**, die Küchen
- der **Ku|chen**, die Kuchen
  - das Kuchenblech
  - der Kuchenteig
- der **Ku|ckuck**, die Kuckucke
  - die Kuckucksuhr
- die **Ku|fe**, die Kufen
- die **Ku|gel**, die Kugeln
  - kugelig
  - das Kugellager
  - kugelrund
- die **Kuh**, die Kühe
  - der Kuhfladen
  - **kühl**
  - kühlen
  - der Kühler
  - der Kühlschrank
  - die Kühltruhe
- die **Kuh|le**, die Kuhlen
  - **kühn**
  - die Kühnheit
- das **Kü|ken**, die Küken
- der **Ku|li**, die Kulis
- die **Ku|lis|se**, die Kulissen
  - **kul|lern**, der Ball kullert
- die **Kul|tur**, die Kulturen
  - kulturell
- der **Küm|mel**
- der **Kum|mer**
  - kümmerlich
- sich **küm|mern**,
  - du kümmerst dich
- der **Kum|pel**, die Kumpel
- der **Kun|de**, die Kunden
  - die Kundschaft

- **kün|di|gen**, du kündigst
  - die Kündigung
- die **Kun|din**, die Kundinnen
  - **künf|tig**
- die **Kunst**, die Künste
  - der Künstler, die Künstlerin
  - künstlerisch
  - das Kunststück
  - das Kunstwerk
  - **künst|lich**
  - der Kunststoff
  - **kun|ter|bunt**
- das **Kup|fer**
- die **Kup|pel**, die Kuppeln
- die **Kupp|lung**, die Kupplungen
  - kuppeln
- die **Kur**, die Kuren
  - kurieren
- die **Kür**, die Küren
- die **Kur|bel**, die Kurbeln
  - kurbeln
- der **Kür|bis**, die Kürbisse
  - der Kürbiskern
- der **Ku|rier**, die Kuriere
- der **Kurs**, die Kurse

der Kummer

Kurve

die **Kur|ve,** die Kurven
kurvenreich
kurvig
kurz, kürzer, am kürzesten
kurzärmelig
oder: kurzärmlig
kürzen
kurzfristig
kürzlich
kurzsichtig
ku|scheln, du kuschelst
das Kuscheltier
kuschelig oder: kuschlig
die **Ku|si|ne,** die Kusinen
das **Kus|kus** oder: der Kuskus
der **Kuss,** die Küsse
küssen
die **Küs|te,** die Küsten
die **Kut|sche,** die Kutschen
kutschieren
die **Kut|te,** die Kutten
der **Kut|ter,** die Kutter
das **Ku|vert,** die Kuverts

La

la|bern, du laberst
das **La|bor,** die Labors
oder: Labore
das **La|by|rinth,** die Labyrinthe
la|chen, du lachst
lächeln
das Lächeln
lächerlich

der **Lachs,** die Lachse
der **Lack,** die Lacke
lackieren
die Lackierung
la|den, du lädst, er lud,
sie hat geladen
die Ladung
der **La|den,** die Läden
der Ladenhüter
die **La|ge,** die Lagen
in der Lage sein
das **La|ger,** die Lager
das Lagerfeuer
lagern
die Lagerung
lahm
lahmlegen
lähmen
die Lähmung
der **Laib,** die Laibe
ein Laib Brot
lai|chen, der Frosch laicht
der Laich
der **Laie,** die Laien
das Laienspiel
das **La|ken,** die Laken
der **La|kritz** oder: das Lakritz,
die Lakritze
lal|len, du lallst
das **La|ma,** die Lamas
das **La|met|ta**
das **Lamm,** die Lämmer
das Lämmchen
lammfromm
die **Lam|pe,** die Lampen
das Lampenfieber
der **Lam|pi|on,** die Lampions

lauschen

das **Land,** die Länder
die Landesregierung
die Landkarte
ländlich
die Landschaft
lan|den, du landest
die Landebahn
die Landung
die **Land|wirt|schaft**
der Landwirt, die Landwirtin
lang, länger, am längsten
langärmelig
oder: langärmlig
die Länge
der Langlauf
länglich
längst
lang|sam
die Langsamkeit
lang|wei|lig
die Langeweile
der **Lap|pen,** die Lappen
läp|pisch
der **Lap|top,** die Laptops
die **Lär|che,** die Lärchen
der **Lärm**
die Lärmbelästigung
lärmen
die **Lar|ve,** die Larven
lasch
die **La|sche,** die Laschen
der **La|ser,** die Laser
der Laserstrahl
las|sen, du lässt, er ließ,
sie hat gelassen
läs|sig
das **Las|so,** die Lassos

die **Last,** die Lasten
der Lastkraftwagen
(Lkw oder: LKW)
der Lastwagen
läs|tern, du lästerst
läs|tig
la|tei|nisch
die **La|ter|ne,** die Laternen
der Laternenpfahl
lat|schen, du latschst
die Latschen
die **Lat|te,** die Latten
der Lattenrost
der **Latz,** die Lätze
das Lätzchen
die Latzhose
lau
lauwarm
das **Laub**
der Laubbaum
der Laubfrosch
der **Lauch**
lau|ern, du lauerst
auf der Lauer sein
lau|fen, du läufst, er lief,
sie ist gelaufen
der Lauf
laufend
der Läufer, die Läuferin
das Lauffeuer
das Laufwerk
die **Lau|ge,** die Laugen
das Laugenbrötchen
die **Lau|ne,** die Launen
launisch
die **Laus,** die Läuse
lau|schen, du lauschst

laut

lebensgefährlich

laut
der Laut
lauthals
lautlos
der Lautsprecher
die Lautstärke
läu|ten, es läutet
lau|ter
lauter Blödsinn
die La|va
der Lavastrom
der La|ven|del
die La|wi|ne, die Lawinen
die Lawinengefahr

Le
le|ben, du lebst
das Leben
lebendig
lebensgefährlich
der Lebensgefährte,
die Lebensgefährtin
das Lebensmittel
das Lebewesen
lebhaft
die Le|ber, die Lebern
der Leberfleck
der Leb|ku|chen, die Lebkuchen
lech|zen, du lechzt
das Leck, die Lecks
le|cken, du leckst
le|cker
der Leckerbissen
das Le|der
le|dig
le|dig|lich
leer
die Leere
leeren
der Leerlauf
die Le|gas|the|nie
le|gen, du legst
sich legen
die Le|gen|de, die Legenden
die Leg|gings oder: Leggins
der Lehm
lehmig
die Leh|ne, die Lehnen
leh|ren, du lehrst
die Lehre
der Lehrer, die Lehrerin
der Leib, die Leiber
die Leibspeise
der Leibwächter
die Lei|che, die Leichen
leichenblass
der Leichnam
leicht
die Leichtigkeit
leichtsinnig

Lid

die **Leicht|ath|le|tik**
lei|den, du leidest, er litt, sie hat gelitten
das Leid
es tut mir leid
leidend
die **Lei|den|schaft,** die Leidenschaften
leidenschaftlich
lei|der
lei|ern, du leierst
der Leierkasten
lei|hen, du leihst, er lieh, sie hat geliehen
leihweise
der **Leim**
leimen
die **Lei|ne,** die Leinen
das **Lei|nen**
die Leinwand
lei|se
die **Leis|te,** die Leisten
leis|ten, du leistest
sich etwas leisten
die Leistung
der Leistungssport
lei|ten, du leitest
der Leiter, die Leiterin
die Leitplanke
die Leitung
die **Lei|ter,** die Leitern
die **Lek|ti|on,** die Lektionen
die **Lek|tü|re,** die Lektüren
len|ken, du lenkst
der Lenker
das Lenkrad
die Lenkung

der **Le|o|pard,** die Leoparden
die **Ler|che,** die Lerchen
ler|nen, du lernst
das Lernprogramm
der Lernstoff
le|sen, du liest, er las, sie hat gelesen
die Leseecke
der Leser, die Leserin
der Leserbrief
die Leseratte
leserlich
die Lesung
Lett|land
lettisch
letz|te
der Letzte, die Letzte
zum letzten Mal
leuch|ten, die Lampe
leuchtet
leuchtend rot
der Leuchtturm
leug|nen, du leugnest
die **Leu|kä|mie**
die **Leu|te**
der **Le|vel,** die Levels
das **Le|xi|kon,** die Lexika

Li

die **Li|bel|le,** die Libellen
der **Li|be|ro,** die Liberos
das **Licht,** die Lichter
lichterloh
lichtdurchlässig
der Lichtschutzfaktor
die **Lich|tung,** die Lichtungen
das **Lid,** die Lider

lieb

lieb
lieb haben
die Liebe
lieben
liebenswert
der Liebesbrief
liebevoll
lieblich
der **Lieb|ling,** die Lieblinge
die Lieblingssendung
Liech|ten|stein
liechtensteinisch
das **Lied,** die Lieder
lie|fern, du lieferst
die Lieferung
der Lieferwagen
lie|gen, du liegst, er lag,
sie hat gelegen
die Liege
der Liegestuhl
die Liegestütze
der **Lift,** die Lifte oder: Lifts
li|la
die Farbe Lila
lilafarben
die **Li|lie,** die Lilien
die **Li|mo|na|de,** die Limonaden
die **Lin|de,** die Linden
lin|dern, du linderst
das **Li|ne|al,** die Lineale
die **Li|nie,** die Linien
der Linienrichter,
die Linienrichterin
liniert
der **Link,** die Links
links
links abbiegen

von links nach rechts
der Linksaußen
der Linkshänder,
die Linkshänderin
linksherum
die **Lin|se,** die Linsen
die **Lip|pe,** die Lippen
das Lipgloss
der Lippenstift
lis|peln, du lispelst
die **List,** die Listen
listig
die **Lis|te,** die Listen
Li|tau|en
litauisch
der **Li|ter** (l) oder: das Liter,
die Liter
literweise
die **Li|te|ra|tur**
die **Lit|faß|säu|le,**
die Litfaßsäulen
live
die Livesendung

Lo

lo|ben, du lobst
das Lob
lobenswert
das **Loch,** die Löcher
lochen
löcherig oder: löchrig
die **Lo|cke,** die Locken
lockig
lo|cken, du lockst
lo|cker
lockern
lo|dern, das Feuer lodert

96

lügen

der **Löf|fel,** die Löffel
löffeln
der **Lo|go** oder: das Logo,
die Logos
lo|gisch
die Logik
der **Lohn,** die Löhne
sich lohnen
die **Loi|pe,** die Loipen
das **Lo|kal,** die Lokale
die **Lo|ko|mo|ti|ve,**
die Lokomotiven
die Lok
der Lokführer,
die Lokführerin
die **Lon|ge,** die Longen
longieren
der **Loo|ping**
oder: das Looping,
die Loopings
der **Lor|beer,** die Lorbeeren
das Lorbeerblatt
los
loslassen
losreißen
das **Los,** die Lose
losen
lö|schen, du löschst
das Löschfahrzeug
lo|se
lö|sen, du löst
lösbar
das Lösegeld
die Lösung
das **Lot,** die Lote
lö|ten, du lötest
der Lötkolben

der Liebesbrief

der **Lot|se,** die Lotsen
lotsen
die **Lot|te|rie,** die Lotterien
das Lotto
der **Lö|we,** die Löwen
der **Lö|wen|zahn**

Lu

der **Luchs,** die Luchse
die **Lü|cke,** die Lücken
der Lückentext
die **Luft,** die Lüfte
der Luftballon
luftdicht
lüften
luftig
die Luftmatratze
die Luftverschmutzung
lü|gen, du lügst, er log,
sie hat gelogen
die Lüge
die Lügengeschichte
der Lügner, die Lügnerin

97

Luke

die **Lu|ke,** die Luken
der **Lüm|mel,** die Lümmel
sich lümmeln
der **Lum|pen,** die Lumpen
die **Lun|ge,** die Lungen
die Lungenentzündung
die **Lu|pe,** die Lupen
lupenrein
der **Lurch,** die Lurche
die **Lust**
lustig
lustlos
lut|schen, du lutschst
der Lutscher
Lu|xem|burg
luxemburgisch
der **Lu|xus**
der Luxusartikel

Ma

ma|chen, du machst
der **Ma|cho,** die Machos
die **Macht,** die Mächte
mächtig
der Machtkampf
machtlos
die **Ma|cke,** die Macken
eine Macke haben
das **Mäd|chen,** die Mädchen
die **Ma|de,** die Maden
etwas madigmachen
die **Magd,** die Mägde
Mag|de|burg

der **Ma|gen,** die Mägen
oder: Magen
die Magenschmerzen
ma|ger
die Magermilch
die **Ma|gie**
der Magier, die Magierin
das **Mag|ma,** die Magmen
der **Mag|net,** die Magneten
magnetisch
mä|hen, du mähst
der Mähdrescher
das **Mahl,** die Mahle oder: Mähler
die Mahlzeit
mah|len, du mahlst
der Mahlstein
die **Mäh|ne,** die Mähnen
mah|nen, du mahnst
die Mahnung
der **Mai**
das Maiglöckchen
der Maikäfer
mai|len, du mailst
die Mailbox
Mainz
der **Mais**
der Maiskolben
die **Ma|jes|tät,** die Majestäten
majestätisch
die **Ma|jo|nä|se**
das **Make-up,** die Make-ups
die **Mak|ka|ro|ni**
der **Mak|ler,** die Makler
die **Mak|le|rin,** die Maklerinnen
das **Mal,** die Male
zum ersten Mal
jedes Mal

Maskottchen

ma|len, du malst
der Maler, die Malerin
die Malerei
Mal|ta
maltesich
die **Ma|ma**, die Mamas
das **Mam|mut**, die Mammuts
oder: Mammute
der Mammutbaum
man
man vermutet, dass ...
der **Ma|na|ger**, die Manager 😊
die **Ma|na|ge|rin**, 😊
die Managerinnen
manch
manch einer
manche Kinder
manch|mal
die **Man|da|ri|ne**, die Mandarinen
die **Man|del**, die Mandeln
der Mandelbaum
die Mandelentzündung
die **Ma|ne|ge**, die Manegen
der **Man|gel**, die Mängel
mangelhaft
der **Man|gold**
die **Ma|nie|ren**
manierlich
der **Mann**, die Männer
männlich
die **Mann|schaft**,
die Mannschaften
der **Man|tel**, die Mäntel
die **Map|pe**, die Mappen
das Mäppchen
der **Ma|ra|thon**, die Marathons
der Marathonlauf

das **Mär|chen**, die Märchen
das Märchenbuch
märchenhaft
der **Mar|der**, die Marder
die **Mar|ga|ri|ne**
die **Mar|ge|ri|te**, die Margeriten
der **Ma|ri|en|kä|fer**,
die Marienkäfer
die **Ma|ri|o|net|te**, die Marionetten
das Marionettentheater
die **Mar|ke**, die Marken
das Markenzeichen
mar|kie|ren, du markierst
der Marker
die Markierung
die **Mar|ki|se**, die Markisen
der **Markt**, die Märkte
der Marktplatz
die **Mar|me|la|de**,
die Marmeladen
der **Mar|mor**
der **Mars**
mar|schie|ren,
du marschierst
der Marsch
der **Mar|ter|pfahl**,
die Marterpfähle
der **März**
der Märzenbecher
das **Mar|zi|pan**
die **Ma|sche**, die Maschen
die **Ma|schi|ne**, die Maschinen
die **Ma|sern**
die **Mas|ke**, die Masken
sich maskieren
das **Mas|kott|chen**,
die Maskottchen

Maß

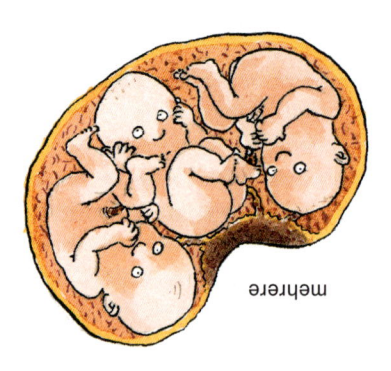

mehrere

das **Maß,** die Maße
die Maßeinheit
maßlos
der Maßstab
die **Mas|sa|ge,** die Massagen
massieren
die **Mas|se,** die Massen
massenhaft
die Massenmedien
mas|siv
der **Mast,** die Maste
oder: Masten
das **Match,** die Matchs
oder: die Matche
das **Ma|te|ri|al,** die Materialien
die **Ma|the|ma|tik**
mathematisch
die **Ma|trat|ze,** die Matratzen
der **Ma|tro|se,** die Matrosen
der **Matsch**
matschig
matt
die **Mat|te,** die Matten
die **Mau|er,** die Mauern
mauern
der Maurer, die Maurerin

das **Maul,** die Mäuler
maulen
der **Maul|wurf,** die Maulwürfe
die **Maus,** die Mäuse
mäuschenstill
die Mausefalle
mausetot
das Mauspad
die **Maut,** die Mauten
die Mautstelle
ma|xi|mal
die **Ma|yon|nai|se**
Ma|ze|do|ni|en
mazedonisch

Me

der **Me|cha|ni|ker,**
die Mechaniker
mechanisch
die **Me|cha|ni|ke|rin,**
die Mechanikerinnen
me|ckern, die Ziege meckert
die Meckerei
**Meck|len|burg-
Vor|pom|mern**
die **Me|dail|le,** die Medaillen
das **Me|di|ka|ment,**
die Medikamente
das **Me|di|um,** die Medien
die **Me|di|zin**
medizinisch
das **Meer,** die Meere
die Meerenge
der Meeresspiegel
der **Meer|ret|tich**
das **Meer|schwein|chen,**
die Meerschweinchen

Mexiko

me|ga...
megacool
das Megabyte (MB)
das **Mehl**
mehlig
mehr
mehrere
die Mehrheit
mehrmals
die Mehrzahl
mei|den, du meidest,
er mied, sie hat gemieden
die **Mei|le,** die Meilen
meilenweit
mein, meine, meiner
meinetwegen
der **Mein|eid,** die Meineide
mei|nen, du meinst
die Meinung
die **Mei|se,** die Meisen
der **Mei|ßel,** die Meißel
meißeln
meis|tens
der **Meis|ter,** die Meister
die Meisterschaft
die **Meis|te|rin,** die Meisterinnen
sich **mel|den,** du meldest dich
der Meldeschluss
mel|ken, du melkst,
er melkte, sie hat gemolken
oder: sie hat gemelkt
die **Me|lo|die,** die Melodien
die **Me|lo|ne,** die Melonen
das **Me|mo|ry,** die Memorys
die **Men|ge,** die Mengen
der **Mensch,** die Menschen
menschenleer
die Menschenrechte
die Menschenwürde
die Menschheit
menschlich
die **Mens|tru|a|ti|on**
das **Me|nü,** die Menüs
die Menüleiste
mer|ken, du merkst
sich etwas merken
das Merkheft
merkwürdig
der **Mer|kur**
die **Mes|se,** die Messen
mes|sen, du misst, er maß,
sie hat gemessen
messbar
das **Mes|ser,** die Messer
messerscharf
die Messerspitze
das **Mes|sing**
das **Me|tall,** die Metalle
der **Me|te|o|rit,** die Meteoriten
der **Me|ter** (m) oder: das Meter,
die Meter
acht Meter lang
meterlang
das Metermaß
die **Me|tho|de,** die Methoden
der **Metz|ger,** die Metzger
die Metzgerei
die **Metz|ge|rin,**
die Metzgerinnen
die **Meu|te,** die Meuten
die Meuterei
meutern
Me|xi|ko
mexikanisch

101

miauen

Mi
mi|au|en, die Katze miaut
mich
Ohne mich!
mi|cke|rig oder: mickrig
der **Mief**
die **Mie|ne,** die Mienen
mies
miesmachen
sich mies fühlen
mie|ten, du mietest
die Miete
der Mieter, die Mieterin
die Mietwohnung
der **Mi|grant,** die Migranten
die **Mi|gran|tin,** die Migrantinnen
das **Mi|kro|fon,** die Mikrofone
das **Mi|kro|phon,** die Mikrophone
das **Mi|kros|kop,** die Mikroskope
mikroskopieren
die **Mi|kro|welle,** die Mikrowellen
die **Milch**
milchig
der Milchshake
die Milchstraße
der **Milch|zahn,** die Milchzähne

mild oder: milde
das **Mi|li|tär**
die **Mil|li|ar|de,** die Milliarden
das **Mil|li|gramm** (mg),
die Milligramme
der **Mil|li|me|ter** (mm)
oder: das Millimeter,
die Millimeter
die **Mil|li|on,** die Millionen
der Millionär, die Millionärin
die Millionenstadt
die **Milz,** die Milzen
die **Mi|mik**
min|des|tens
die **Mind|map** oder: das
Mindmap, die Mindmaps
die **Mi|ne,** die Minen
das **Mi|ne|ral,** die Mineralien
das Mineralwasser
mi|ni
das Minigolf
der **Mi|nis|ter,** die Minister
die **Mi|nis|te|rin,**
die Ministerinnen
mi|nus
das Minuszeichen

mischen

Mitternacht

die **Mi|nu|te,** die Minuten
minutenlang
der Minutenzeiger
minütlich
mir
Schreibe mir bald!
die **Mi|ra|bel|le,** die Mirabellen
mi|schen, du mischst
die Mischung
der Mischwald
mi|se|ra|bel
miss|ach|ten → achten
der **Miss|er|folg,** die Misserfolge
das **Miss|ge|schick,**
die Missgeschicke
die **Miss|hand|lung,**
die Misshandlungen
misshandeln
miss|trau|isch
das **Miss|ver|ständ|nis,**
die Missverständnisse
missverstehen
der **Mist**
der Misthaufen
mit
die **Mit|ar|beit**
mitarbeiten
der Mitarbeiter,
die Mitarbeiterin
mit|be|stim|men
→ bestimmen
die Mitbestimmung
der **Mit|bür|ger,** die Mitbürger
die **Mit|bür|ge|rin,**
die Mitbürgerinnen
mit|ei|nan|der
miteinander auskommen

mit|fah|ren → fahren
die Mitfahrgelegenheit
mit|füh|len → fühlen
das Mitgefühl
das **Mit|glied,** die Mitglieder
der Mitgliedsausweis
der **Mit|laut,** die Mitlaute
das **Mit|leid**
mit|ma|chen → machen
der **Mit|mensch,**
die Mitmenschen
mit|schul|dig
die Mitschuld
der **Mit|schü|ler,** die Mitschüler
die **Mit|schü|le|rin,**
die Mitschülerinnen
mit|spie|len → spielen
der Mitspieler,
die Mitspielerin
der **Mit|tag,** die Mittage
am Mittag
gestern Mittag
das Mittagessen
mittags
der Mittagsschlaf
oder: Mittagschlaf
die **Mit|te,** die Mitten
in der Mitte
das Mittelalter
das Mittelmeer
der Mittelpunkt
mitten in der Stadt
mittendrin
mittig
mit|tei|len, du teilst mit
die Mitteilung
um **Mit|ter|nacht**

103

Mittwoch

der **Mitt|woch,** die Mittwoche
am Mittwoch
am Mittwochabend
mittwochs
mi|xen, du mixt
der Mixer

Mo

das **Mob|bing**
mobben
die **Mö|bel**
die **Mo|de,** die Moden
die Modenschau
modisch
das **Mo|del,** die Models
das **Mo|dell,** die Modelle
modellieren
das **Mo|dem,** die Modems
der **Mo|de|ra|tor,**
die Moderatoren
die **Mo|de|ra|to|rin,**
die Moderatorinnen
mo|dern, das Holz modert
moderig oder: modrig
mo|dern, die moderne
Technik
das **Mo|fa,** die Mofas
mö|gen, du magst, sie hat
gemocht, ich möchte wissen
mög|lich
möglicherweise
die Möglichkeit
möglichst
Mo|ham|med
der **Mohn**
die **Möh|re,** die Möhren
die Mohrrübe

der **Molch,** die Molche
Mol|dau
moldauisch
die **Mo|le,** die Molen
die **Mol|ke|rei,** die Molkereien
mol|lig
der **Mo|ment,** die Momente
der **Mo|nat,** die Monate
monatelang
monatlich
die Monatskarte
der **Mönch,** die Mönche
der **Mond,** die Monde
die Mondfinsternis
mondhell
der Mondschein
der **Mo|ni|tor,** die Monitore
das **Mons|ter,** die Monster
der **Mon|tag,** die Montage
am Montag
am Montagabend
montags
die **Mon|ta|ge,** die Montagen
der Monteur, die Monteurin
montieren
Mon|te|ne|gro
montenegrinisch
das **Moor,** die Moore
das **Moos,** die Moose
moosgrün
moosig
das **Mo|ped,** die Mopeds
mo|ra|lisch
der **Mo|rast**
der **Mord,** die Morde
der Mörder, die Mörderin
mörderisch

Mullbinde

mühelos

der **Mor|gen,** die Morgen	**mot|zen,** du motzt
am Morgen	das **Moun|tain|bike,**
gestern Morgen	die Mountainbikes
morgen	die **Mö|we,** die Möwen
morgens	
eines Morgens	**Mu**
morsch	die **Mü|cke,** die Mücken
mor|sen, du morst	der Mückenstich
das Morsezeichen	**mucks|mäus|chen|still**
der **Mör|tel**	**mü|de**
das **Mo|sa|ik,** die Mosaike	die Müdigkeit
oder: Mosaiken	**muf|fig**
die **Mo|schee,** die Moscheen	die **Mü|he,** die Mühen
die **Mo|sel**	mühelos
der **Mos|lem,** die Moslems	mühsam
moslemisch	die **Müh|le,** die Mühlen
die **Mos|le|min,**	die **Mul|de,** die Mulden
die Mosleminnen	der **Müll**
der **Most**	die Müllabfuhr
das **Mo|tiv,** die Motive	die Mülldeponie
der **Mo|tor,** die Motoren	die Mülltonne
das Motorrad	die Mülltrennung
die **Mot|te,** die Motten	die **Mull|bin|de,** die Mullbinden

105

Müller

der **Mül|ler,** die Müller
die **Mül|le|rin,** die Müllerinnen
mul|mig
mul|ti|pli|zie|ren,
du multiplizierst
die Multiplikation
die **Mu|mie,** die Mumien
der **Mumps** oder: die Mumps
Mün|chen
der **Mund,** die Münder
die Mundharmonika
mündlich
die **Mün|dung,** die Mündungen
münden
mun|ter
die **Mün|ze,** die Münzen
mür|be oder: mürb
der Mürbeteig
die **Mur|mel,** die Murmeln
mur|meln, du murmelst
mür|risch
das **Mus** oder: der Mus
die **Mu|schel,** die Muscheln
muschelförmig
das **Mu|se|um,** die Museen
das **Mu|si|cal,** die Musicals
die **Mu|sik**
musikalisch
der Musiker, die Musikerin
das Musikinstrument
die Musikschule
musizieren
der **Mus|kel,** die Muskeln
der Muskelkater
das **Müs|li,** die Müsli
der **Mus|lim,** die Muslime
muslimisch

die **Mus|li|ma** oder: Muslimin,
die Muslimas
oder: die Musliminnen
müs|sen, du musst
das **Mus|ter,** die Muster
der **Mut**
mutig
mutwillig
die **Mut|ter** (Elternteil),
die Mütter
mütterlich
das Muttermal
mutterseelenallein
die Muttersprache
die **Mut|ter** (Schraubenmutter),
die Muttern
die **Müt|ze,** die Mützen

N

Na
Na!
Na und?
der **Na|bel,** die Nabel
die Nabelschnur
nach
nachhause oder:
nach Hause
nach und nach
nach|ah|men,
du ahmst nach
der **Nach|bar,** die Nachbarn
die Nachbarschaft
die **Nach|ba|rin,**
die Nachbarinnen

nagen

     nach|dem
     nach|den|ken → denken
     nachdenklich
     nach|ei|nan|der
die **Nach|er|zäh|lung,**
     die Nacherzählungen
     nacherzählen
der **Nach|fol|ger,** die Nachfolger
die **Nach|fol|ge|rin,**
     die Nachfolgerinnen
     nach|fra|gen → fragen
     die Nachfrage
     nach|ge|ben, du gibst nach,
     er gab nach, sie hat
     nachgegeben
     nachgiebig
     nach|hal|tig
     die Nachhaltigkeit
     nach|her
die **Nach|hil|fe**
der **Nach|kom|me,**
     die Nachkommen
     nach|läs|sig
     die Nachlässigkeit
der **Nach|mit|tag,**
     die Nachmittage
     am Nachmittag
     gestern Nachmittag
     nachmittags
der **Nach|na|me,**
     die Nachnamen
die **Nach|richt,** die Nachrichten
     nach|schla|gen,
     du schlägst nach,
     er schlug nach, sie hat
     nachgeschlagen
die **Nach|sil|be,** die Nachsilben

die **Nach|spei|se,**
     die Nachspeisen
     nächs|te, nächster, nächstes
     der nächste Tag
     der Nächste, die Nächste
     am nächsten
     als Nächster, als Nächste
     nächstes Mal
die **Nacht,** die Nächte
     bei Nacht
     heute Nacht
     nächtelang
     nachts
     eines Nachts
der **Nach|teil,** die Nachteile
die **Nach|ti|gall,**
     die Nachtigallen
der **Nach|tisch,** die Nachtische
     nach|träg|lich
     nach|weis|bar
der **Nach|wuchs**
der **Nach|züg|ler,**
     die Nachzügler
die **Nach|züg|le|rin,**
     die Nachzüglerinnen
der **Na|cken,** die Nacken
     nackt
die **Na|del,** die Nadeln
     der Nadelbaum
     nadeln
     das Nadelöhr
der **Na|gel,** die Nägel
     das Nagelbrett
     nageln
     nagelneu
     na|gen, der Biber nagt
     das Nagetier

nah

nah oder: nahe, näher,
am nächsten
von nah und fern
die Nähe
sich nähern
der Nahverkehr
nä|hen, du nähst
die Nähnadel
die **Nah|rung**
das Nahrungsmittel
die **Naht,** die Nähte
nahtlos
na|iv
der **Na|me,** die Namen
namenlos
das Namensschild
näm|lich
Na|nu!
die **Nar|be,** die Narben
die **Nar|ko|se,** die Narkosen
der **Narr,** die Narren
närrisch
die **När|rin,** die Närrinnen
die **Nar|zis|se,** die Narzissen
na|schen, du naschst
die **Na|se,** die Nasen
das Nasenbluten

das **Nas|horn,** die Nashörner
nass, nasser oder: nässer,
am nassesten
oder: am nässesten
nass geschwitzt
die Nässe
nasskalt
die **Na|ti|on,** die Nationen
national
die Nationalhymne
die Nationalmannschaft
die **Nat|ter,** die Nattern
die **Na|tur**
der Naturforscher,
die Naturforscherin
die Naturkatastrophe
natürlich
der Naturschutz
die Naturwissenschaft
das **Na|vi,** die Navis
das Navigationssystem

Ne

der **Ne|an|der|ta|ler,**
die Neandertaler

neulich

der **Ne|bel**
nebelig oder: neblig
ne|ben
nebenan
nebenbei
nebeneinander
das Nebenfach
nebenher
der Nebensatz
die Nebenstraße
ne|cken, du neckst
der **Nef|fe,** die Neffen
ne|ga|tiv
neh|men, du nimmst,
er nahm, sie hat genommen
nei|disch
der Neid
neidvoll
sich **nei|gen,** du neigst dich
die Neigung
nein
die Neinstimme
der **Nek|tar**
die **Nek|ta|ri|ne,** die Nektarinen
die **Nel|ke,** die Nelken
nen|nen, du nennst,
er nannte, sie hat genannt
der Nenner

das **Ne|on|licht,** die Neonlichter
der **Nep|tun**
der **Nerv,** die Nerven
nerven
das Nervenbündel
nervenstark
nervig
nervös
das **Nest,** die Nester
der Nestflüchter
das Nesthäkchen
die Nestwärme
nett
netterweise
das **Netz,** die Netze
das Netzteil
das Netzwerk
neu
neuartig
etwas Neues
das Neugeborene
die Neuheit
die Neuigkeit
das Neujahr
der Neuschnee
neu|gie|rig
die Neugier
neu|lich

der Naturforscher

neun

neun
neun
neunmal
der Neunte, die Neunte
neunzehn
neunzig
die **Neu|ro|der|mi|tis**
neu|tral

Ni
nicht
gar nicht
der Nichtschwimmer,
die Nichtschwimmerin
die **Nich|te**, die Nichten
nichts
nichts Neues
nichts ahnend
ni|cken, du nickst
das Nickerchen
nie
nie mehr
nie wieder
nie|der
niederlassen
die **Nie|der|la|ge**,
die Niederlagen
die **Nie|der|lan|de**
niederländisch
Nie|der|sach|sen
der **Nie|der|schlag**,
die Niederschläge
nied|lich
nied|rig
nie|mals
nie|mand
die **Nie|re**, die Nieren
nie|seln, es nieselt

der Nieselregen
nie|sen, du niest
das Niespulver
die **Nie|te**, die Nieten
der **Ni|ko|laus**, die Nikolause
der Nikolaustag
das **Ni|ko|tin**
das **Nil|pferd**, die Nilpferde
nip|pen, du nippst
nir|gends
nir|gend|wo
die **Ni|sche**, die Nischen
nis|ten, der Vogel nistet
der Nistkasten
das **Ni|veau**, die Niveaus
die **Ni|xe**, die Nixen

No
noch
noch einmal
noch nie
nochmals
das **No|men**, die Nomen
der **No|mi|na|tiv**
die **Non|ne**, die Nonnen
non|stop
der **Nor|den**
nördlich
der Nordpol
die Nordsee
Nord|rhein-West|fa|len
nör|geln, du nörgelst
die Nörgelei
nor|mal
normalerweise
Nor|we|gen
norwegisch

Obst

die **Not**, die Nöte
der Notarzt, die Notärztin
die Notbremse
der Notfall
die Notlandung
die Notlüge
die **No|te**, die Noten
der Notenständer
das **Note|book**, die Notebooks ⚠️
no|tie|ren, du notierst
die Notiz
der Notizblock
nö|tig
not|wen|dig
der **Nou|gat** ⚠️
oder: das Nougat
der **No|vem|ber**

Nu
im **Nu**
nüch|tern
nu|ckeln, das Baby nuckelt
die **Nu|del**, die Nudeln
der **Nu|gat** oder: das Nugat
null
null Fehler
null Grad
die Null
bei null anfangen
der Nulltarif
die **Num|mer**, die Nummern
nummerieren
das Nummernschild
nun
nur
nu|scheln, du nuschelst
die **Nuss**, die Nüsse
der Nussknacker
die Nussschale
die **Nüs|ter**, die Nüstern
nut|zen, du nutzt
der Nutzer
nutzlos
die Nutzpflanze
nüt|zen, es nützt
nützlich

Oa
die **Oa|se**, die Oasen

Ob
ob
ob|dach|los
oben
von oben bis unten
die **Ober|flä|che**,
die Oberflächen
oberflächlich
ober|halb
das **Ober|haupt**,
die Oberhäupter
der **Ober|kör|per**, die Oberkörper
das **Ober|teil**, die Oberteile
das **Ob|jekt**, die Objekte
objektiv
die **Ob|la|te**, die Oblaten
die **Oboe**, die Oboen
das **Obst**
der Obstsaft
der Obstsalat

111

obwohl

ob|wohl

Oc
der Och|se, die Ochsen

Od
öde oder: öd
oder
die Oder

Of
der Ofen, die Öfen
of|fen
offenlassen
die Offenheit
öf|fent|lich
die Öffentlichkeit
of|fi|zi|ell
off|line
öff|nen, du öffnest
die Öffnung
die Öffnungszeit
oft, öfter
öfter mal was Neues

Oh
Oh!
oh|ne
ohne Weiteres
oder: ohne weiteres
ohn|mäch|tig
das Ohr, die Ohren
der Ohrring

Oj
Oje!
Ojemine!

Ok
okay (o. k. oder: O. K.)
öko|lo|gisch
der Ökostrom
der Ok|to|ber

Ol
das Öl
ölen
ölig
die Ölpest
der Old|ti|mer, die Oldtimer
die Oli|ve, die Oliven
die Olym|pi|a|de,
die Olympiaden
die Olympischen Spiele

Om
die Oma, die Omas
das Ome|lett, die Omeletts
oder: die Omelette
der Om|ni|bus, die Omnibusse

On
der On|kel, die Onkel
on|line
das Onlinebanking

Op
der Opa, die Opas
die Oper, die Opern
die Ope|ra|ti|on, die Operationen
operieren
das Op|fer, die Opfer
der Op|ti|ker, die Optiker
die Op|ti|ke|rin, die Optikerinnen
op|ti|mis|tisch

Or

- die **Oran|ge,** ⚠️
  die Orangen
  orange
  der Orangensaft
- der **Orang-Utan,**
  die Orang-Utans
- das **Or|ches|ter,**
  die Orchester
- die **Or|chi|dee,**
  die Orchideen
- der **Or|den,** die Orden
  or|dent|lich
  or|di|när
  ord|nen, du ordnest
  die Ordnung
- das **Or|gan,** die Organe
  organisch
  or|ga|ni|sie|ren,
  du organisierst
  die Organisation
  organisatorisch
- die **Or|gel,** die Orgeln
  die Orgelpfeife
- der **Ori|ent**
  orientalisch
  sich **ori|en|tie|ren,**
  du orientierst dich
  die Orientierung
  die Orientierungsstufe
- das **Ori|gi|nal,** die Originale
- der **Or|kan,** die Orkane
  orkanartig
- der **Ort,** die Orte
  orten
  örtlich
  die Ortschaft

Os

- die **Öse,** die Ösen
- der **Os|ten**
  östlich
  die Ostsee
- das **Os|tern**
  das Osterei
  die Osterglocke
  Ös|ter|reich
  österreichisch

die Opfer

Ou

- **out** ⚠️
  out sein
- das **Out|fit,** die Outfits ⚠️
- der **Out|si|der,** die Outsider ⚠️

Ov

- **oval**
- der **Ove|rall,** die Overalls
- der **Over|head|pro|jek|tor,**
  die Overheadprojektoren

Ow

- **O weh!**

Oz

- der **Oze|an,** die Ozeane
- der **Ozon** oder: das Ozon
  das Ozonloch
  die Ozonschicht
  der Ozonwert

paar

Pa

ein **paar** (einige)
ein paarmal
ein paar Tage
das **Paar** (zwei),
die Paare
sich paaren
das Pärchen
pach|ten, du pachtest
die Pacht
pa|cken, du packst
das Päckchen
packend
das Packpapier
die Packung
das **Pad|del,** die Paddel
das Paddelboot
paddeln
das **Pa|ket,** die Pakete
der **Pa|last,** die Paläste
die **Pal|me,** die Palmen
die **Pam|pe**
pampig
die **Pam|pel|mu|se,**
die Pampelmusen
der **Pan|da,** die Pandas
pa|nie|ren, du panierst
das Paniermehl
die **Pa|nik**
panisch
die **Pan|ne,** die Pannen
das **Pa|no|ra|ma,** die Panoramen
der **Pan|ter,** die Panter

der **Pan|ther,** die Panther
der **Pan|tof|fel,** die Pantoffeln
die **Pan|to|mi|me,**
die Pantomimen
der **Pan|zer,** die Panzer
der **Pa|pa,** die Papas
der **Pa|pa|gei,** die Papageien
das **Pa|pier,** die Papiere
die Papierserviette
die **Pap|pe,** die Pappen
der Pappkarton
das Pappmaschee
oder: Pappmaché
die **Pap|pel,** die Pappeln
der **Pa|pri|ka,** die Paprikas
die Paprikaschote
der **Papst,** die Päpste
das **Pa|ra|dies,** die Paradiese
paradiesisch
pa|ral|lel
die Parallele
der **Pa|ra|sit,** die Parasiten
der **Par|cours,** die Parcours
das **Par|füm,** die Parfüms
oder: Parfüme
der **Park,** die Parks
die Parkbank
par|ken, du parkst
das Park-and-ride-System
der Parkplatz
das Parkverbot
der **Par|kett,** die Parkette
oder: die Parketts
parkettieren
das **Par|la|ment,** die Parlamente
die **Par|tei,** die Parteien
parteiisch

Person

- der **Part|ner,** die Partner
- die Partnerarbeit
- die Partnerschaft
- die **Part|ne|rin,** die Partnerinnen
- die **Par|ty,** die Partys
- der **Pass,** die Pässe
- das Passbild
- der **Pas|sa|gier,** die Passagiere
- **pas|sen,** die Hose passt
- passend
- **pas|sie|ren,** es passiert
- **pas|siv**
- das Passiv
- der **Pas|tor,** die Pastoren
- die **Pas|to|rin,** die Pastorinnen
- die **Patch|work|fa|mi|lie,**
- die Patchworkfamilien
- der **Pa|te,** die Paten
- das Patenkind
- die Patenschaft
- das **Pa|tent,** die Patente
- der **Pa|ti|ent,** die Patienten
- die **Pa|ti|en|tin,**
- die Patientinnen
- die **Pa|tin,** die Patinnen
- die **Pa|tro|ne,** die Patronen
- der **Pat|zer,** die Patzer
- **pat|zig**
- die **Pau|ke,** die Pauken
- **pau|ken,** du paukst
- die **Pau|se,** die Pausen
- das Pausenbrot
- pausenlos
- der **Pa|vi|an,** die Paviane
- der **Pa|vil|lon,** die Pavillons
- der **Pa|zi|fik**
- der Pazifische Ozean

Pc
- der **PC,** die PCs
- der Personal Computer

Pe
- das **Pech**
- pechschwarz
- der Pechvogel
- das **Pe|dal,** die Pedale
- der **Pe|gel,** die Pegel
- der Pegelstand
- **pein|lich**
- die **Peit|sche,** die Peitschen
- peitschen
- der **Pe|li|kan,** die Pelikane
- **pel|len,** du pellst
- die Pellkartoffel
- der **Pelz,** die Pelze
- das **Pen|del,** die Pendel
- pendeln
- der Pendler, die Pendlerin
- der **Pe|nis,** die Penisse
- **pen|nen,** du pennst
- die **Pen|si|on,** die Pensionen
- **per**
- per Luftpost
- **per|fekt**
- das **Per|fekt**
- das **Per|ga|ment|pa|pier**
- die **Pe|ri|o|de,** die Perioden
- die **Per|le,** die Perlen
- die **Per|son,** die Personen
- der Personalausweis
- der Personenkraftwagen
- (Pkw oder: PKW)
- persönlich
- die Persönlichkeit

115

Perücke

die **Pe|rü|cke,** die Perücken
pes|si|mis|tisch
die **Pest**
die **Pe|ter|si|lie**
das **Pe|tro|le|um**
    die Petroleumlampe
pet|zen, du petzt

Pf

der **Pfad,** die Pfade
    der Pfadfinder,
    die Pfadfinderin
der **Pfahl,** die Pfähle
das **Pfand,** die Pfänder
    die Pfandflasche
die **Pfan|ne,** die Pfannen
    der Pfannkuchen
der **Pfar|rer,** die Pfarrer
die **Pfar|re|rin,** die Pfarrerinnen
der **Pfau,** die Pfauen
    das Pfauenauge
der **Pfef|fer**
    pfeffern
die **Pfef|fer|min|ze**
pfei|fen, du pfeifst, er pfiff,
sie hat gepfiffen
    die Pfeife
    das Pfeifkonzert
der **Pfeil,** die Pfeile
    pfeilschnell
der **Pfei|ler,** die Pfeiler
das **Pferd,** die Pferde
    der Pferdeschwanz
    der Pferdestall

der **Pfiff,** die Pfiffe
    pfiffig
der **Pfif|fer|ling,** die Pfifferlinge
Pfings|ten
    der Pfingstsonntag
der **Pfir|sich,** die Pfirsiche
die **Pflan|ze,** die Pflanzen
    das Pflänzchen
    pflanzen
    das Pflanzenschutzmittel
das **Pflas|ter,** die Pflaster
    pflastern
die **Pflau|me,** die Pflaumen
    der Pflaumenkuchen
pfle|gen, du pflegst
    die Pflege
    die Pflegeeltern
    pflegeleicht
    der Pfleger, die Pflegerin
die **Pflicht,** die Pflichten
    pflichtbewusst
pflü|cken, du pflückst
der **Pflug,** die Pflüge
    pflügen
die **Pfor|te,** die Pforten
    der Pförtner, die Pförtnerin
der **Pfos|ten,** die Pfosten
die **Pfo|te,** die Pfoten
der **Pfrop|fen,** die Pfropfen
Pfui!
das **Pfund,** die Pfunde
pfu|schen, du pfuschst
    die Pfuscherei
die **Pfüt|ze,** die Pfützen

die Pfoten

platt

Ph

die **Phan|ta|sie**
phantasieren
phantasievoll
phantastisch
das **Phan|tom,** die Phantome
das Phantombild
der **Pha|rao,** die Pharaonen
die **Phy|sik**
physikalisch

Pi

der **Pi|ckel,** die Pickel
pickelig oder: picklig
pi|cken, der Vogel pickt
das **Pick|nick,** die Picknicks
oder: Picknicke
picknicken
der Picknickkorb
das **Pier|cing,** die Piercings
piep|sen, der Vogel piepst
pik|sen
die **Pil|le,** die Pillen
der **Pi|lot,** die Piloten
die **Pi|lo|tin,** die Pilotinnen
der **Pilz,** die Pilze
die Pilzvergiftung
pin|ge|lig
der **Pin|gu|in,** die Pinguine
pink
pin|keln, du pinkelst
die **Pinn|wand,** die Pinnwände
der **Pin|sel,** die Pinsel
pinseln
die **Pin|zet|te,** die Pinzetten
der **Pi|ran|ha,** die Piranhas
der **Pi|rat,** die Piraten
das Piratenschiff
die **Pi|ra|tin,** die Piratinnen
pir|schen, du pirschst
die **Pis|te,** die Pisten
die **Pis|to|le,** die Pistolen
die **Piz|za,** die Pizzas
oder: Pizzen
die Pizzeria

Pl

pla|gen, du plagst
sich plagen
die Plage
das **Pla|kat,** die Plakate
die **Pla|ket|te,** die Plaketten
der **Plan,** die Pläne
planen
planlos
planmäßig
die **Pla|ne,** die Planen
der **Pla|net,** die Planeten
pla|nie|ren, du planierst
die Planierraupe
die **Plan|ke,** die Planken
plan|schen, du planschst
die **Plan|ta|ge,** die Plantagen
plant|schen, du plantschst
plap|pern, du plapperst
plär|ren, du plärrst
das **Plas|tik**
die Plastikfolie
die **Plas|tik,** die Plastiken
plastisch
plät|schern, das Wasser plätschert
platt
die Platte

Pl**atz**

der **Platz,** die Plätze
Platz machen
die Platzierung
plat|zen, der Ballon platzt
der Platzregen
die Platzwunde
plau|dern, du plauderst
das **Play-back**
oder: Playback
plei|te
die Pleite
das **Ple|num,** die Plenen
die **Plom|be,** die Plomben
plombieren, du plombierst
plötz|lich
plump
plumpsen
plün|dern, du plünderst
die Plünderung
der **Plu|ral,** die Plurale
plus
der Pluspunkt
das Pluszeichen
der **Plu|to**

Po

der **Po,** die Pos
po|chen, das Herz pocht
das **Po|di|um,** die Podien
das **Po|e|sie|al|bum,**
die Poesiealben
der **Po|kal,** die Pokale
der **Pol,** die Pole
der Polarkreis
Po|len
polnisch
po|lie|ren, du polierst

die **Po|li|tik**
der Politiker, die Politikerin
politisch
die **Po|li|zei**
der Polizeifunk
polizeilich gesucht
der Polizist, die Polizistin
der **Pol|len,** die Pollen
die Pollenallergie
das **Pols|ter,** die Polster
polstern
pol|tern, du polterst
der Polterabend
die **Pommes frites**
das **Po|ny,** die Ponys
das Ponyreiten
das **Pop|corn**
die **Pop|mu|sik**
der **Po|po,** die Popos
die **Po|re,** die Poren
po|rös
der **Por|ree,** die Porrees
das **Por|te|mon|naie,**
die Portemonnaies
die **Por|ti|on,** die Portionen
portionsweise
das **Port|mo|nee,**
die Portmonees
das **Por|to,** die Portos
oder: Porti
das **Por|trät,** die Porträts
Por|tu|gal
portugiesisch
das **Por|zel|lan**
die **Po|sau|ne,** die Posaunen
die **Po|si|ti|on,** die Positionen
po|si|tiv

pressen

das Prachtstück

die **Post**	die **Prä|po|si|ti|on,**
der Postbote, die Postbotin	die Präpositionen
die Postleitzahl	die **Prä|rie,** die Prärien
pos|ten, du postest ⚠	das **Prä|sens**
das **Pos|ter** oder: der Poster,	die **Prä|sen|ta|tion,**
die Poster oder: Posters	die Präsentationen
Pots|dam	präsentieren
die **Po|wer** ⚠	der **Prä|si|dent,** die Präsidenten
	die **Prä|si|den|tin,**
Pr	die Präsidentinnen
die **Pracht**	**pras|seln,** der Hagel
prächtig	prasselt
das Prachtstück	das **Prä|te|ri|tum**
das **Prä|di|kat,** die Prädikate	die **Pra|xis,** die Praxen
prä|gen, du prägst	die **Pre|digt,** die Predigten
prah|len, du prahlst	predigen
die Prahlerei	der **Preis,** die Preise
prak|tisch	das Preisausschreiben
die **Pra|li|ne,** die Pralinen	preiswert
prall	die **Prel|lung,** die Prellungen
prallvoll	die **Pre|mi|e|re,** die Premieren
pral|len, du prallst	die **Pres|se**
die **Prä|mie,** die Prämien	der Pressefotograf,
der **Pran|ger,** die Pranger	die Pressefotografin
die **Pran|ke,** die Pranken	**pres|sen,** du presst

prickeln

pri|ckeln, es prickelt
prickelnd
der Pries|ter, die Priester
die Pries|te|rin,
  die Priesterinnen
pri|ma
die Pri|mel, die Primeln
der Prinz, die Prinzen
die Prin|zes|sin,
  die Prinzessinnen
das Prin|zip, die Prinzipien
die Pri|se, die Prisen
pri|vat
pro
  pro Kind
  das Pro und Kontra
die Pro|be, die Proben
  der Probealarm
  die Probefahrt
  proben
  pro|bie|ren, du probierst
das Pro|blem, die Probleme
  problemlos
das Pro|dukt, die Produkte
  die Produktion
  produzieren
der Pro|fes|sor, die Professoren
die Pro|fes|so|rin,
  die Professorinnen
der Pro|fi, die Profis
  der Profifußball
das Pro|fil, die Profile
das Pro|gramm, die Programme
  die Programmänderung
  programmieren
das Pro|jekt, die Projekte
  die Projekttage

der Pro|jek|tor, die Projektoren
prompt
das Pro|no|men, die Pronomen
  oder: die Pronomina
der Pro|pel|ler, die Propeller
der Pro|phet, die Propheten
  die Prophezeiung
die Pro|phe|tin,
  die Prophetinnen
der Pros|pekt, die Prospekte
Prost!
der Pro|test, die Proteste
  protestieren
  pro|tes|tan|tisch
  der Protestant,
  die Protestantin
die Pro|the|se, die Prothesen
das Pro|to|koll, die Protokolle
prot|zen, du protzt
der Pro|vi|ant
pro|vo|zie|ren,
  du provozierst
das Pro|zent (%), die Prozente
der Pro|zess, die Prozesse
die Pro|zes|si|on,
  die Prozessionen
prü|fen, du prüfst
  die Prüfung
prü|geln, du prügelst
  sich prügeln
  die Prügelei
prunk|voll
prus|ten, du prustest

Pu

die Pu|ber|tät
das Pu|bli|kum

Qualifikation

der **Pud|ding,**
die Puddinge
oder: Puddings
das Puddingpulver
der **Pu|del,** die Pudel
pu|del|wohl 👋
der **Pu|der**
der Puderzucker
der **Puf|fer,** die Puffer
der **Pul|lo|ver,** die Pullover
der Pulli
der Pullunder
der **Puls**
der Pulsschlag
das **Pult,** die Pulte
das **Pul|ver,** die Pulver
der Pulverschnee
der **Pu|ma,** die Pumas
pum|me|lig oder: pummlig
pum|pen, du pumpst
die Pumpe
der **Punkt,** die Punkte
punkten
die Punktzahl
pünkt|lich
die Pünktlichkeit
die **Pu|pil|le,** die Pupillen
die **Pup|pe,** die Puppen
das Püppchen
die Puppenstube
pup|sen, du pupst 👋
pur
das **Pü|ree,** die Pürees
pürieren
der Pürierstab
pur|zeln, du purzelst
der Purzelbaum

pus|ten, du pustest
die Puste
die Pusteblume
die **Pu|te,** die Puten
der Puter
puterrot
der **Putz**
put|zen, du putzt
das Putzmittel
put|zig
das **Puz|zle,** die Puzzles ⚠️
puzzeln

Py

der **Py|ja|ma,** die Pyjamas ⚠️
die **Py|ra|mi|de,** die Pyramiden

Qua

der **Qua|der,** die Quader
das **Qua|drat,** die Quadrate
quadratisch
der Quadratmeter
der **Quai** oder: das Quai, ⚠️
die Quais
qua|ken, der Frosch quakt
quä|len, du quälst
die Qual
die Quälerei
qualvoll
die **Qua|li|fi|ka|ti|on,**
die Qualifikationen
das Qualifikationsspiel
sich qualifizieren

Qualität

die **Qua|li|tät,** die Qualitäten
die **Qual|le,** die Quallen
der **Qualm**
qualmen
die **Qua|ran|tä|ne**
der **Quark**
das **Quar|tett,** die Quartette
das **Quar|tier,** die Quartiere
quas|seln, du quasselst
der **Quatsch**
quat|schen,
du quatschst

Que

das **Queck|sil|ber**
die **Quel|le,** die Quellen
quellen
das Quellwasser
quen|geln, du quengelst
quengelig oder: quenglig
quer
quer gestreift
querbeet
in die Quere kommen
querfeldein
die Querflötet
quet|schen, du quetschst
die Quetschung

Qui

quick|le|ben|dig
quie|ken, das Schwein
quiekt
quiet|schen, die Reifen
quietschen
quietschfidel
der **Quirl,** die Quirle

quirlen
quitt
wir sind quitt
quittieren
die Quittung
die **Quit|te,** die Quitten
das **Quiz**
die **Quo|te,** die Quoten

Ra

der **Ra|batt,** die Rabatte
der **Rab|bi|ner,** die Rabbiner
der **Ra|be,** die Raben
rabenschwarz
ra|bi|at
die **Ra|che**
sich rächen
der Rächer, die Rächerin
rachsüchtig
der **Ra|chen,** die Rachen
das **Rad,** die Räder
Rad fahren
ein Rad schlagen
radeln
der Radfahrer,
die Radfahrerin
die Radtour
der **Ra|dar** oder: das Radar
die Radarkontrolle
der **Ra|dau**
ra|die|ren, du radierst
der Radierer
der Radiergummi

raten

- das **Ra|dies|chen,** die Radieschen
- **ra|di|kal**
- das **Ra|dio,** die Radios
- der Radiosender
- **ra|dio|ak|tiv**
- die Radioaktivität
- der **Ra|di|us,** die Radien
- **raf|fen,** du raffst
- raffgierig
- **raf|fi|niert**
- **ra|gen,** du ragst
- der **Rah|men,** die Rahmen
- rahmen
- sich **rä|keln,** du räkelst dich
- die **Ra|ke|te,** die Raketen
- die **Ral|lye,** die Rallyes ⚠
- der **Ra|ma|dan**
- **ram|men,** du rammst
- die **Ram|pe,** die Rampen
- das Rampenlicht
- die **Ranch,** die Ranchs ⚠ oder: Ranches
- der **Rand,** die Ränder
- randvoll
- **ran|da|lie|ren,** du randalierst
- der **Rang,** die Ränge
- die Rangordnung
- die **Ran|ge|lei,** die Rangeleien
- **ran|gie|ren,** du rangierst ⚠
- die Rangierlok
- sich **ran|hal|ten,** 🖐 du hältst dich ran, er hielt sich ran, sie hat sich rangehalten
- **ran|ken,** die Rose rankt
- der **Ran|zen,** die Ranzen
- **ran|zig**
- der **Rap,** die Raps ⚠
- rappen
- der **Rap|pe,** die Rappen
- der **Raps**
- das Rapsöl
- **rar**
- die Rarität
- **ra|sant**
- **rasch**
- **ra|scheln,** du raschelst
- **ra|sen,** du rast
- rasend
- der Raser, die Raserin
- der **Ra|sen,** die Rasen
- der Rasenmäher
- sich **ra|sie|ren,** der Mann rasiert sich
- der Rasierapparat
- **ras|peln,** du raspelst
- die **Ras|se,** die Rassen
- rassistisch
- die **Ras|sel,** die Rasseln
- **ras|ten,** du rastest
- die Rast
- rastlos
- die Raststätte
- der **Rat**
- Rat suchen
- der Ratgeber, die Ratgeberin
- ratlos
- der Ratschlag
- die **Ra|te,** die Raten
- in Raten zahlen
- **ra|ten,** du rätst, er riet, sie hat geraten

Rathaus

das **Rat|haus,** die Rathäuser
das **Rät|sel,** die Rätsel
  rätselhaft
  rätseln
die **Rat|te,** die Ratten
  rat|tern, die Maschine
  rattert
  rau, rauer, am rauesten
  oder: am rausten
  der Raureif
  rau|ben, du raubst
  der Raub
  der Räuber, die Räuberin
  die Räuberbande
  das Raubtier
  rau|chen, er raucht
  der Rauch
  rauchig
  das Rauchverbot
  das Rauchzeichen
  rauf (herauf)
  rauf und runter
  raufkommen
  rau|fen, du raufst
  die Rauferei
der **Raum,** die Räume
  räumen

die Raumfahrt
die Raumkapsel
räumlich
die Räumung
die **Rau|pe,** die Raupen
raus (heraus)
raus und rein
rausekeln
rauswerfen
der **Rausch,** die Räusche
das Rauschgift
rauschgiftsüchtig
rau|schen, der Fluss
rauscht
sich **räus|pern,** du räusperst
dich
die **Ra|vi|o|li**
die **Raz|zia,** die Razzien

Re

re|agie|ren, du reagierst
das Reagenzglas
die Reaktion
reaktionsfähig
der **Re|ak|tor,** die Reaktoren
der Reaktorunfall

das Raubtier

Regen

    re|al
    realistisch
    die Realität
die **Re|be,** die Reben
    re|bel|lie|ren
    der Rebell, die Rebellin
der **Re|chen,** die Rechen
    rechen
    re|cher|chie|ren,
    du recherchierst
    rech|nen, du rechnest
    der Rechner
    rechnerisch
    die Rechnung
    recht
    das ist mir recht
    jetzt erst recht
das **Recht,** die Rechte
    recht haben
    im Recht sein
    rechthaberisch
    der Rechtsanwalt,
    die Rechtsanwältin
das **Recht|eck,** die Rechtecke
    rechteckig
    rechts
    rechts abbiegen
    von rechts nach links
    der Rechtsaußen
    der Rechtshänder,
    die Rechtshänderin
    rechtsherum
    rechts|ex|trem
    rechtsradikal
die **Recht|schrei|bung**
    rechtschreiben
    recht|zei|tig

das **Reck,** die Recke
    oder: Recks
sich **re|cken,** du reckst dich
das **Re|cyc|ling**
    recyceln oder: recyclen
    recycelbar
der **Re|dak|teur,** die Redakteure
die **Re|dak|teu|rin,**
    die Redakteurinnen
    re|den, du redest
    die Rede
    eine Rede halten
    die Redensart
    der Redner, die Rednerin
    redselig
das **Re|fe|rat,** die Referate
    re|flek|tie|ren, das Glas
    reflektiert
    der Reflektor
die **Re|form,** die Reformen
    reformieren
der **Re|frain,** die Refrains
das **Re|gal,** die Regale
die **Re|gel,** die Regeln
    regelmäßig
    die Regelmäßigkeit
    regeln
sich **re|gen,** du regst dich
    rege
    regungslos
der **Re|gen**
    regennass
    der Regenschauer
    das Regenwetter
    der Regenwurm
    regnen
    regnerisch

Regie

die **Re|gie**
der Regisseur,
die Regisseurin
re|gie|ren, du regierst
die Regierung
die **Re|gi|on,** die Regionen
regional
das **Reh,** die Rehe
der Rehbock
das Rehkitz
rei|ben, du reibst, er rieb,
sie hat gerieben
die Reibe
die Reibung
reibungslos
reich
reichhaltig
reichlich
der Reichtum
das **Reich,** die Reiche
rei|chen, du reichst
reif
die Reife
reifen
der **Reif** (gefrorener Tau)
die Reifglätte
der **Reif** (Ring), die Reife
der **Rei|fen,** die Reifen
die Reifenpanne
der Reifenwechsel
die **Rei|he,** die Reihen
der Reihe nach
die Reihenfolge
reihum
der **Rei|her,** die Reiher
sich **rei|men,** es reimt sich
der Reim

rein (herein)
rein und raus
reinfallen
reinkommen
rein (sauber)
reinigen
die Reinigung
reinlich
der **Reis**
rei|sen, du reist
die Reise
reisefertig
der Reiseführer
reiselustig
der Reisepass
rei|ßen, du reißt, er riss,
sie hat gerissen
Reißaus nehmen
der Reißverschluss
die **Reiß|zwe|cke,**
die Reißzwecken
rei|ten, du reitest, er ritt,
sie ist geritten
oder: sie hat geritten
der Reiter, die Reiterin
die Reitstunde
der **Reiz,** die Reize
reizen
die Reizung
sich **re|keln,** du rekelst dich
die **Re|kla|me,** die Reklamen
re|kla|mie|ren, du reklamierst
die Reklamation
der **Re|kord,** die Rekorde
die Rekordzeit
der **Rek|tor,** die Rektoren
das Rektorat

Revolution

die Reklamation

die **Rek|to|rin,** die Rektorinnen
re|la|tiv
re|la|xen, du relaxt
die **Re|li|gi|on,** die Religionen
der Religionsunterricht
religiös
rem|peln, du rempelst
die Rempelei
ren|nen, du rennst,
er rannte, sie ist gerannt
das Rennen
das Rennrad
die Rennstrecke
re|no|vie|ren, du renovierst
die Renovierung
die **Ren|te,** die Renten
der Rentner, die Rentnerin
re|pa|rie|ren, du reparierst
die Reparatur
die **Re|por|ta|ge,** die Reportagen
der **Re|por|ter,** die Reporter
die **Re|por|te|rin,**
die Reporterinnen
das **Rep|til,** die Reptilien
die **Re|pu|blik,** die Republiken

das **Re|qui|sit,** die Requisiten
die **Re|ser|ve,** die Reserven
das Reserverad
re|ser|vie|ren, du reservierst
die Reservierung
re|si|gnie|ren, du resignierst
der **Res|pekt**
respektieren
respektlos
der **Rest,** die Reste
restlich
das **Res|tau|rant,**
die Restaurants
das **Re|sul|tat,** die Resultate
ret|ten, du rettest
der Retter, die Retterin
die Rettung
der **Ret|tich,** die Rettiche
die **Reue**
sich **re|van|chie|ren,**
du revanchierst dich
die Revanche
das **Re|vier,** die Reviere
die **Re|vo|lu|tion,**
die Revolutionen

127

Revolver

riskant

der **Re|vol|ver,** die Revolver
das **Re|zept,** die Rezepte
die **Re|zep|ti|on,** die Rezeptionen

Rh
der **Rha|bar|ber**
das Rhabarberkompott
der **Rhein**
Rhein|land-Pfalz
der **Rhyth|mus,** die Rhythmen
rhythmisch

Ri
der **Rich|ter,** die Richter
richten
der Richterspruch
die **Rich|te|rin,** die Richterinnen
rich|tig
etwas richtig machen
das Richtige
die **Rich|tung,** die Richtungen
rie|chen, du riechst, er roch,
sie hat gerochen
die **Rie|ge,** die Riegen

der **Rie|gel,** die Riegel
der **Rie|men,** die Riemen
der **Rie|se,** die Riesen
riesengroß
das Riesenrad
riesig
rie|seln, der Sand rieselt
die **Rie|sin,** die Riesinnen
das **Riff,** die Riffe
die **Ril|le,** die Rillen
das **Rind,** die Rinder
das Rindfleisch
die **Rin|de,** die Rinden
der **Ring,** die Ringe
ringsherum
die **Rin|gel|nat|ter,**
die Ringelnattern
rin|gen, du ringst, er rang,
sie hat gerungen
der Ringkampf
die **Rin|ne,** die Rinnen
rinnen
das Rinnsal
die **Rip|pe,** die Rippen

128

Rost

das **Ri|si|ko,** die Risiken
oder: Risikos
riskant
riskieren
der **Riss,** die Risse
der **Ritt,** die Ritte
der **Rit|ter,** die Ritter
ritterlich
die Ritterrüstung
der **Rit|ter|sporn**
das **Ri|tu|al,** die Rituale
rit|zen, du ritzt
der Ritz
die Ritze
der **Ri|va|le,** die Rivalen
die Rivalität
die **Ri|va|lin,** die Rivalinnen

Ro

die **Rob|be,** die Robben
robben
der **Ro|bo|ter,** die Roboter
ro|bust
rö|cheln, du röchelst
der **Rock,** die Röcke
die **Rock|mu|sik**
der Rocker, die Rockerin
ro|deln, du rodelst
die Rodelbahn
ro|den, du rodest
der **Rog|gen**
das Roggenbrot
roh
die Rohkost
der Rohstoff
das **Rohr,** die Rohre
der Rohrbruch

die **Röh|re,** die Röhren
die **Rol|le,** die Rollen
das Rollenspiel
rol|len, du rollst
die Rolle
der Roller
der Rollladen
das Rollo
der Rollstuhl
die Rolltreppe
die **Rol|ler|bla|des**®
die **Rol|ler|ska|tes**
das **Rol|lo,** die Rollos
die **Ro|ma**
die **Rö|mer**
römisch
der **Ro|man,** die Romane
ro|man|tisch
die Romantik
rönt|gen, du wirst geröngt
die Röntgenaufnahme
ro|sa
rosarot
die **Ro|se,** die Rosen
der Rosenkohl
rosig
die **Ro|si|ne,** die Rosinen
das Rosinenbrötchen
das **Ross,** die Rosse
oder: Rösser
der **Rost,** die Roste (Gitter)
die Rostbratwurst
rösten
der **Rost** (Schicht auf Eisen)
rosten
rostfrei
rostig

rot

rot, röter oder: roter, am
rötesten oder: am rotesten
die Farbe Rot
bei Rot halten
das Rote Kreuz
rothaarig
das Rotkehlchen
rötlich
die **Rö|teln**
rotz|frech
die **Rou|la|de**, die Rouladen
die **Rou|te**, die Routen
der **Rou|ten|pla|ner**,
die Routenplaner
der **Rou|ter**, die Router

Ru

rub|beln, du rubbelst
rubbelig
die **Rü|be**, die Rüben
rü|ber (herüber)
rüberkommen
der **Ruck**, die Rucke
ruckartig
rü|cken, du rückst
der **Rü|cken**, die Rücken
die Rückenlehne
die **Rück|fahrt**, die Rückfahrten
die **Rück|kehr**
das **Rück|licht**, die Rücklichter
der **Ruck|sack**, die Rucksäcke
die **Rück|sei|te**, die Rückseiten
die **Rück|sicht**
Rücksicht nehmen
rücksichtslos
rücksichtsvoll
der **Rück|sitz**, die Rücksitze

der **Rück|stand**, die Rückstände
der **Rück|strah|ler**,
die Rückstrahler
der **Rück|tritt**, die Rücktritte
rück|wärts
rückwärtsfahren
der Rückwärtsgang
der **Rück|weg**, die Rückwege
der **Rü|de**, die Rüden
das **Ru|del**, die Rudel
ru|dern, du ruderst
das Ruder
das Ruderboot
ru|fen, du rufst, er rief,
sie hat gerufen
der Ruf
das **Rug|by**
die **Ru|he**
ruhen
die Ruhestörung
der Ruhetag
ruhig
der **Ruhm**
sich rühmen
rüh|ren, du rührst
das Rührei
rührend
die **Ru|i|ne**, die Ruinen
ruinieren
rülp|sen, du rülpst
der Rülpser
Ru|mä|ni|en
rumänisch
der **Rum|mel**
ru|mo|ren, der Magen rumort
rum|peln, der Wagen
rumpelt

Sahara

der **Rumpf**
rümp|fen, du rümpfst die Nase
rund
die Runde
die Rundfahrt
der Rundgang
rundherum
rundlich
die Rundmail
der **Rund|funk**
run|ter (herunter)
runterfallen
runterschlucken
run|zeln, du runzelst die Stirn
runzelig oder: runzlig
der **Rü|pel,** die Rüpel
rup|fen, du rupfst
rup|pig
der **Rü|sche,** die Rüschen
die **Rush|hour,** 🗨️
die Rushhours
der **Ruß**
rußen
der **Rüs|sel,** die Rüssel
Russ|land
russisch
rus|ti|kal
die **Rüs|tung,** die Rüstungen
die **Ru|te,** die Ruten
rut|schen, du rutschst
die Rutschbahn
die Rutsche
rutschfest
rutschig
rüt|teln, du rüttelst

Sa
der **Saal,** die Säle
Saar|brü|cken
Saar|land
die **Saat,** die Saaten
der **Sab|bat,** die Sabbate
sab|bern, du sabberst
der **Sä|bel,** die Säbel
der **Sa|bo|ta|ge,** die Sabotagen
die **Sa|che,** die Sachen
der Sachkundeunterricht
sächlich
der Sachschaden
Sach|sen
Sach|sen-An|halt
sacht
der **Sack,** die Säcke
die Sackgasse
das Sackhüpfen
sä|en, du säst
die Sämaschine
die **Sa|fa|ri,** die Safaris
der **Safe** oder: das Safe, 🗨️
die Safes
der **Saft,** die Säfte
saftig
die **Sa|ge,** die Sagen
sagenhaft
die **Sä|ge,** die Sägen
sägen
die Sägespäne
sa|gen, du sagst
die **Sa|ha|ra**

131

Sahne

die **Sah|ne**
Sahne schlagen
sahnig
die **Sai|son,** die Saisons
die **Sai|te,** die Saiten
das Saiteninstrument
das **Sa|kra|ment,**
die Sakramente
der **Sa|la|man|der,**
die Salamander
die **Sa|la|mi,** die Salamis
der **Sa|lat,** die Salate
das Salatbesteck
das Salatblatt
die **Sal|be,** die Salben
der **Sal|to,** die Saltos oder: Salti
das **Salz**
das Salzbergwerk
salzen
salzig
die Salzstange
das Salzwasser
der **Sa|men,** die Samen
das Samenkorn
sam|meln, du sammelst
die Sammelmappe
der Sammler,
die Sammlerin
die Sammlung
der **Sams|tag,** die Samstage
am Samstag
am Samstagabend
samstags
der **Samt**
die Samtpfote
samtweich
sämt|lich

das **Sa|na|to|ri|um,**
die Sanatorien
der **Sand**
die Sandbank
sandig
wie Sand am Meer
die **San|da|le,** die Sandalen
das **Sand|wich**
oder: der Sandwich,
die Sandwichs
oder: Sandwiches
oder: Sandwiche
sanft
sanftmütig
die **Sänf|te,** die Sänften
der **Sän|ger,** die Sänger
die **Sän|ge|rin,** die Sängerinnen
sa|nie|ren, das Haus wird
saniert
der **Sa|ni|tä|ter,** die Sanitäter
die **Sa|ni|tä|te|rin,**
die Sanitäterinnen
die **Sar|di|ne,** die Sardinen
der **Sarg,** die Särge
der **Sa|tel|lit,** die Satelliten
das Satellitenfernsehen
das Satellitenfoto
satt
sich satt essen
etwas satthaben
der **Sat|tel,** die Sättel
sattelfest
der Sattelschlepper

scrollen

der **Sa|turn**
der **Satz,** die Sätze
   die Satzaussage
   die Satzergänzung
   der Satzgegenstand
   das Satzglied
   der Satzteil
   das Satzzeichen
die **Sau,** die Säue
   oder: Sauen
   saublöd
   die Sauerei
   das Sauwetter
   sau|ber
   sauber machen
   die Sauberkeit
   säuberlich
   säubern
die **Sau|ce,** die Saucen
   sau|er
   die Sauerkirsche
   das Sauerkraut
   säuerlich
   die Säure
der **Sau|er|stoff**
   sauerstoffarm

sau|fen, das Kalb säuft,
es soff, es hat gesoffen
sau|gen, du saugst,
er saugte oder: er sog,
sie hat gesaugt
oder: sie hat gesogen
säu|gen, du säugst
   das Säugetier
   der Säugling
die **Säu|le,** die Säulen
der **Saum,** die Säume
   säumen
die **Sau|na,** die Saunas
   oder: Saunen
der **Sau|ri|er,** die Saurier
   säu|seln, du säuselst
   sau|sen, du saust
   im Sauseschritt
das **Sa|xo|fon,**
   die Saxofone
das **Sa|xo|phon,**
   die Saxophone

Sb
die **S-Bahn,** die S-Bahnen
   der S-Bahnhof

Sc
der **Scan|ner,** die Scanner
   scannen
   scrol|len, du scrollst

die Sammlung

schaben

Scha

scha|ben, du schabst
schä|big
die **Scha|blo|ne,** die Schablonen
das **Schach**
    das Schachbrett
der **Schacht,** die Schächte
die **Schach|tel,** die Schachteln
scha|de
der **Schä|del,** die Schädel
scha|den, du schadest
    der Schaden
    die Schadenfreude
    schadenfroh
    schädlich
    der Schädling
    der Schadstoff
das **Schaf,** die Schafe
    der Schäfer, die Schäferin
    der Schäferhund
    der Schafkäse
    oder: Schafskäse
    die Schafwolle
schaf|fen, du schaffst
der **Schaff|ner,** die Schaffner
die **Schaff|ne|rin,**
    die Schaffnerinnen
der **Schal,** die Schals

die **Scha|le,** die Schalen
schä|len, du schälst
der **Schall**
    schalldicht
    schallen
    schallgedämpft
    die Schallgeschwindigkeit
schal|ten, du schaltest
    der Schalter
    das Schaltjahr
    die Schaltung
sich schä|men, du schämst dich
    die Scham
    schamlos
die **Schan|de**
    der Schandfleck
die **Schan|ze,** die Schanzen
die **Schar,** die Scharen
    scharenweise
    scharf, schärfer,
    am schärfsten
    die Schärfe
    schärfen
    scharfsinnig
der **Schar|lach**
das **Schar|nier,** die Scharniere

schaulustig

Scherereien

schar|ren, du scharrst
der **Schasch|lik**
oder: das Schaschlik,
die Schaschliks
der **Schat|ten,** die Schatten
schattig
die **Scha|tul|le,** die Schatullen
der **Schatz,** die Schätze
die Schatztruhe
schät|zen, du schätzt
die Schätzung
schätzungsweise
schau|dern, du schauderst
schauderhaft
schau|en, du schaust
das Schaufenster
schaulustig
der **Schau|er,** die Schauer
schauerartig
schauerlich
schaurig
die **Schau|fel,** die Schaufeln
schaufeln
schau|keln, du schaukelst
die Schaukel
der **Schaum**
schäumen
der Schaumgummi
schaumig
der **Schau|spie|ler,**
die Schauspieler
die **Schau|spie|le|rin,**
die Schauspielerinnen

Sche
der **Scheck,** die Schecks
die Scheckkarte
sche|ckig
die **Schei|be,** die Scheiben
scheibchenweise
der Scheibenwischer
der **Scheich,** die Scheichs
oder: Scheiche
die **Schei|de,** die Scheiden
schei|den, du scheidest, er
schied, sie hat geschieden
sich scheiden lassen
die Scheidung
der **Schein,** die Scheine
schein|bar
schei|nen, die Sonne
scheint, sie schien,
sie hat geschienen
der Scheinwerfer
schein|hei|lig
der **Schei|tel,** die Scheitel
der Scheitelpunkt
schei|tern, du scheiterst
der **Schelm,** die Schelme
schelmisch
die **Schel|te,** die Schelten
Schelte einstecken
das **Sche|ma,** die Schemas
oder: Schemata
der **Sche|mel,** die Schemel
der **Schen|kel,** die Schenkel
schen|ken, du schenkst
schep|pern, es scheppert
die **Scher|be,** die Scherben
der Scherbenhaufen
die **Sche|re,** die Scheren
scheren
der Scherenschnitt
die **Sche|re|rei|en**

135

Scherz

der **Scherz,** die Scherze
scherzen
die Scherzfrage
scherzhaft
scheu
die Scheu
sich scheuen
die Scheuklappe
scheu|chen, du scheuchst
scheu|ern, du scheuerst
die **Scheu|ne,** die Scheunen
das **Scheu|sal,** die Scheusale
scheuß|lich

Schi

der **Schi,** die Schier
oder: die Schi
Schi laufen
das Schispringen
die **Schicht,** die Schichten
schichten
schick
schi|cken, du schickst
das **Schick|sal,** die Schicksale
schicksalhaft
schie|ben, du schiebst,
er schob, sie hat geschoben
der **Schieds|rich|ter,**
die Schiedsrichter
die **Schieds|rich|te|rin,**
die Schiedsrichterinnen
schief
schiefgehen (nicht gelingen)
schief gehen (nicht gerade gehen)
der **Schie|fer**
die Schiefertafel

schie|len, du schielst
das **Schien|bein,**
die Schienbeine
die **Schie|ne,** die Schienen
schienen, du schienst
schier
schier unmöglich
schie|ßen, du schießt,
er schoss, sie hat
geschossen
das Schießpulver
das **Schiff,** die Schiffe
der Schiffbrüchige,
die Schiffbrüchige
die Schifffahrt
die **Schi|ka|ne,** die Schikanen
schikanieren
das **Schild** (Verkehrsschild),
die Schilder
der **Schild** (Schutzwaffe),
die Schilde
schil|dern, du schilderst
die Schilderung
die **Schild|krö|te,**
die Schildkröten
das **Schilf**
das Schilfrohr
schil|lern, das Wasser
schillert
der **Schim|mel,** die Schimmel
schim|meln, das Brot
schimmelt
der Schimmel
schimmelig oder: schimmlig
schim|mern, das Licht
schimmert
der Schimmer

Schlaufe

der **Schim|pan|se,**
die Schimpansen
schimp|fen, du schimpfst
das Schimpfwort
die **Schin|del,** die Schindeln
der **Schin|ken,** die Schinken
die **Schip|pe,** die Schippen
schippen
der **Schirm,** die Schirme
der **Schiss**
Schiss haben

Schl
schlab|bern,
du schlabberst

schief

die **Schlacht,** die Schlachten
schlach|ten, du schlachtest
der Schlachter,
die Schlachterin
schla|ckern, du schlackerst
mit den Ohren
die **Schlä|fe,** die Schläfen
schla|fen, du schläfst,
er schlief, sie hat
geschlafen
der Schlaf
der Schlafanzug
schlafen gehen
schlaflos
schläfrig
schlaff
schla|gen, du schlägst,
er schlug, sie hat
geschlagen
der Schlag
schlagartig
die Schlägerei

die Schlagsahne
der **Schla|ger,** die Schlager
schlag|fer|tig
die **Schlag|zei|le,**
die Schlagzeilen
der **Schla|mas|sel**
oder: das Schlamassel
der **Schlamm**
schlammig
schlam|pig
die Schlamperei
die **Schlan|ge,** die Schlangen
Schlange stehen
sich schlängeln
die Schlangenlinie
schlank
schlapp
schlappmachen
das **Schla|raf|fen|land**
schlau
der **Schlauch,** die Schläuche
die **Schlau|fe,** die Schlaufen

137

schlecht

schlecht
schle|cken, du schleckst
schlei|chen, du schleichst,
er schlich, sie ist
geschlichen
der Schleichweg
der **Schlei|er,** die Schleier
schleierhaft
die **Schlei|fe,** die Schleifen
schlei|fen (schärfen),
du schleifst das Messer,
er schliff, sie hat geschliffen
der Schliff
schlei|fen (über den Boden
ziehen), du schleifst die
Decke, er schleifte, sie hat
geschleift
der **Schleim**
die Schleimhaut
schleimen
schleimig
schlem|men, du schlemmst
schlen|dern, du schlenderst
schlen|kern, du schlenkerst
schlep|pen, du schleppst
die Schleppe
schleppend
der Schlepper
im Schlepptau
Schles|wig-Hol|stein
schleu|dern, du schleuderst
die Schleuder
schleu|nigst
die **Schleu|se,** die Schleusen
schleusen
schlicht
schlich|ten, du schlichtest

der **Schlick**
schlie|ßen, du schließt,
er schloss, sie hat
geschlossen
das Schließfach
schließ|lich
schlimm
schlin|gen, du schlingst,
er schlang, sie hat
geschlungen
die Schlinge
die Schlingpflanze
der **Schlips,** die Schlipse
der **Schlit|ten,** die Schlitten
Schlitten fahren
schlit|tern, du schlitterst
der **Schlitt|schuh,**
die Schlittschuhe
Schlittschuh laufen
der **Schlitz,** die Schlitze
das Schlitzohr
das **Schloss** (Königsschloss),
die Schlösser
der Schlossgarten
das **Schloss** (Türschloss),
die Schlösser
der **Schlot,** die Schlote
schlot|tern, du schlotterst
die **Schlucht,** die Schluchten

schmieren

schluch|zen, du schluchzt
schlu|cken, du schluckst
der Schluck
der Schluckauf
schlu|dern, du schluderst
schlum|mern,
du schlummerst
der Schlummer
schlüp|fen, du schlüpfst
das Schlupfloch
schlüpfrig
schlur|fen, du schlurfst
schlür|fen, du schlürfst
der **Schluss**, die Schlüsse
das Schlusslicht
der Schlussstrich
der **Schlüs|sel**, die Schlüssel
das Schlüsselbund
oder: der Schlüsselbund
das Schlüsselwort
die **Schlüs|sel|blu|me**,
die Schlüsselblumen

Schm
schmäch|tig
schmack|haft
schmal, schmaler oder:
schmäler, am schmalsten
oder: am schmälsten

schlichten

das **Schmalz**
schmalzig
schmat|zen, du schmatzt
schme|cken, es schmeckt
schmei|cheln,
du schmeichelst
schmei|ßen, du schmeißt,
er schmiss, sie hat
geschmissen
schmel|zen, das Eis
schmilzt, es schmolz,
es ist geschmolzen
das Schmelzwasser
der **Schmerz**, die Schmerzen
schmerzhaft
schmerzlos
die Schmerztablette
der **Schmet|ter|ling**,
die Schmetterlinge
schmet|tern,
du schmetterst
der Schmetterball
schmie|den, du schmiedest
der Schmied,
die Schmiedin
das Schmiedeeisen
schmie|ren, du schmierst
schmierig
der Schmierzettel

139

schminken

sich **schmin|ken,**
du schminkst dich
die Schminke
schmir|geln, du schmirgelst
das Schmirgelpapier
schmö|kern, du schmökerst
der Schmöker
schmol|len, du schmollst
schmo|ren, der Braten
schmort
schmü|cken, du schmückst
der Schmuck
das Schmuckstück
schmud|de|lig
oder: schmuddlig
das Schmuddelwetter
schmug|geln,
du schmuggelst
der Schmuggler,
die Schmugglerin
schmun|zeln,
du schmunzelst
schmu|sen, du schmust
der **Schmutz**
schmutzig

Schn

der **Schna|bel,** die Schnäbel
die **Schna|ke,** die Schnaken
die **Schnal|le,** die Schnallen
schnallen
schnal|zen, du schnalzt
schnap|pen, du schnappst
das Schnäppchen
der Schnappschuss
der **Schnaps,** die Schnäpse
die Schnapsidee

schnar|chen, du schnarchst
schnat|tern, die Ente
schnattert
schnau|ben, das Pferd
schnaubt
schnau|fen, du schnaufst
die **Schnau|ze,** die Schnauzen
sich schnäuzen
die **Schne|cke,** die Schnecken
das Schneckentempo
der **Schnee**
schneebedeckt
das Schneegestöber
das Schneeglöckchen
schneeweiß
schnei|den, du schneidest,
er schnitt, sie hat
geschnitten
der Schneider,
die Schneiderin
der Schneidezahn
schnei|en, es schneit
die **Schnei|se,** die Schneisen
schnell
der Schnellhefter
die Schnelligkeit
schnellstens
schnellstmöglich
schnel|len, der Fisch
schnellt aus dem Wasser
schnie|fen, du schniefst
schnip|peln, du schnippelst
schnip|pisch
der **Schnitt,** die Schnitte
der Schnittlauch
die Schnittwunde
die **Schnit|te,** die Schnitten

Schranke

das **Schnit|zel,** die Schnitzel
schnit|zen, du schnitzt
die Schnitzerei
schnor|cheln,
du schnorchelst
der Schnorchel
der **Schnör|kel,** die Schnörkel
schnüf|feln, du schnüffelst
die Schnüffelei
der **Schnul|ler,** die Schnuller
die **Schnul|ze,** die Schnulzen
der **Schnup|fen**
schnup|pern,
du schnupperst
die **Schnur,** die Schnüre
schnüren
schnurgerade
schnurlos
schnurstracks
der **Schnurr|bart,**
die Schnurrbärte
schnur|ren, die Katze
schnurrt

Scho

der **Schock,** die Schocks
schocken
schockiert
die **Scho|ko|la|de,**
die Schokoladen
der Schokoladenkuchen
der Schokoriegel
die **Schol|le,** die Schollen
schon
schön
etwas Schönes
die Schönheit

scho|nen, du schonst
die Schonung
schonungslos
die Schonzeit
der **Schopf,** die Schöpfe
schöp|fen, du schöpfst
der Schöpflöffel
die **Schöp|fung**
der **Schorf**
der **Schorn|stein,**
die Schornsteine
der Schornsteinfeger,
die Schornsteinfegerin
der **Schoß,** die Schöße
die **Scho|te,** die Schoten
der **Schot|ter**
der Schotterweg

Schr

schraf|fie|ren,
du schraffierst
schräg
die Schräge
die **Schram|me,**
die Schrammen
schrammen
der **Schrank,**
die Schränke
die **Schran|ke,**
die Schranken

der Schokoladenkuchen

Schraube

die **Schrau|be,** die Schrauben
schrauben
der Schraubenzieher
der Schraubverschluss
der **Schre|ber|gar|ten,**
die Schrebergärten
der **Schreck** oder: Schrecken,
die Schrecken
das Schreckgespenst
schreckhaft
schrecklich
schrei|ben, du schreibst,
er schrieb, sie hat
geschrieben
schreibfaul
der Schreibfehler
die Schreibung
die Schreibweise
schrei|en, du schreist,
er schrie, sie hat geschrien
der Schrei
der Schreihals
der **Schrei|ner,** die Schreiner
die Schreinerei
die **Schrei|ne|rin,**
die Schreinerinnen
schrei|ten, du schreitest,
er schritt, sie ist geschritten
die **Schrift,** die Schriften
schriftlich
der Schriftsteller,
die Schriftstellerin
schrill
der **Schritt,** die Schritte
das Schritttempo
schrittweise
schroff

der **Schrott**
der Schrottplatz
schrub|ben, du schrubbst
der Schrubber
schrump|fen,
der Vorrat schrumpft

Schu

der **Schub,** die Schübe
die Schubkarre
die Schubkraft
die Schublade
schub|sen, du schubst
der Schubs
schüch|tern
die Schüchternheit
der **Schuft,** die Schufte
schuf|ten, du schuftest
der **Schuh,** die Schuhe
der Schuhkarton
die Schuhsohle
die **Schuld**
ich bin schuld
es ist meine Schuld
schuldbewusst
schuldig
der Schuldige,
die Schuldige

schüchtern

schwarz

die **Schul|den**
die **Schu|le,** die Schulen
schulen
der Schüler, die Schülerin
schulfrei
das Schuljahr
der Schulleiter,
die Schulleiterin
der Schulschluss
die Schulzeitung
die **Schul|ter,** die Schultern
schulterfrei
schum|meln,
du schummelst
die Schummelei
schum|me|rig
oder: schummrig
schun|keln, du schunkelst
die **Schup|pe,** die Schuppen
schuppig
der **Schup|pen,** die Schuppen
schup|sen, du schupst
die **Schürf|wun|de,**
die Schürfwunden
der **Schur|ke,** die Schurken
die **Schur|kin,** die Schurkinnen
die **Schür|ze,** die Schürzen
der **Schuss,** die Schüsse
die **Schüs|sel,** die Schüsseln
schus|se|lig
oder: schusslig
der **Schus|ter,** die Schuster
die **Schus|te|rin,**
die Schusterinnen
der **Schutt**
schüt|teln, du schüttelst
der Schüttelfrost

schüt|ten, du schüttest
der **Schutz**
das Schutzblech
schützen
der Schutzengel
schutzlos
der **Schüt|ze,** die Schützen
die **Schüt|zin,** die Schützinnen

Schw
schwab|be|lig
oder: schwabblig
schwach, schwächer,
am schwächsten
die Schwäche
schwächen
der **Schwa|ger,** die Schwäger
die **Schwä|ge|rin,**
die Schwägerinnen
die **Schwal|be,** die Schwalben
der **Schwamm,** die Schwämme
schwammig
der **Schwan,** die Schwäne
schwan|ger
die Schwangere
die Schwangerschaft
schwan|ken, du schwankst
der **Schwanz,** die Schwänze
die Schwanzflosse
schwän|zen, du schwänzt
der **Schwarm,** die Schwärme
schwärmen
schwarz, schwärzer,
am schwärzesten
schwarzfahren
schwarzhaarig
schwarzsehen

143

schwatzen

schwat|zen
oder: schwätzen,
du schwatzt
oder: du schwätzt
der Schwätzer,
die Schwätzerin
das Schwätzchen
schwatzhaft
schwe|ben, du schwebst
der Schwebebalken
Schwe|den
schwedisch
der Schweif, die Schweife
schwei|gen, du schweigst,
er schwieg, sie hat
geschwiegen
das Schweigen
schweigsam
das Schwein, die Schweine
das Schweinefleisch
die Schweinerei
der Schweiß
der Schweißausbruch
schweißgebadet
die Schweißtropfen
schwei|ßen, du schweißt
das Schweißgerät
die Schweiz
schweizerisch
schwe|len, das Feuer
schwelt
der Schwelbrand
die Schwel|le, die Schwellen
schwel|len, der Knöchel
schwillt, er schwoll, er ist
geschwollen
die Schwellung

schwen|ken, du schwenkst
der Schwenkbereich
schwer
schwerelos
schwerfällig
schwerhörig
die Schwerkraft
Schwe|rin
das Schwert, die Schwerter
der Schwertfisch
die Schwes|ter, die Schwestern
die Schwie|ger|el|tern
die Schwiegermutter
der Schwiegersohn
die Schwiegertochter
der Schwiegervater
schwie|rig
die Schwierigkeit
schwim|men, du schwimmst,
er schwamm, sie ist
geschwommen
das Schwimmbecken
der Schwimmer,
die Schwimmerin
schwin|deln,
du schwindelst
der Schwindel
schwin|de|lig
oder: schwindlig
schwindelfrei
schwin|gen, du schwingst,
er schwang, sie hat
geschwungen
die Schwingung
schwir|ren, die Mücke
schwirrt
schwit|zen, du schwitzt

144

schwö|ren, du schwörst,
er schwor, sie hat
geschworen
schwül
die Schwüle
der **Schwung,** die Schwünge
schwungvoll
der **Schwur,** die Schwüre
das Schwurgericht

Se
sechs
sechsmal
der Sechste, die Sechste
sechzehn
sechzig
eine Sechs würfeln
se|cond|hand
der **See** (Binnengewässer),
die Seen
die Seerose
die **See** (Meer)
der Seehund
seekrank
der Seemann
das Seepferdchen
die **See|le,** die Seelen
seelenruhig
seelisch
das **Se|gel,** die Segel
das Segelboot
das Segelflugzeug
segeln
der **Se|gen,** die Segen
segnen

sein

se|hen, du siehst, er sah,
sie hat gesehen
Sieh!
sehenswert
die Sehenswürdigkeit
die **Seh|ne,** die Sehnen
sich **seh|nen,** du sehnst dich
die Sehnsucht
sehnsüchtig
sehr
sehr gut
sehr viel
er **sei** → sein
Sei pünktlich!
seicht
ihr **seid** → sein
die **Sei|de,** die Seiden
das Seidentuch
seidig
die **Sei|fe,** die Seifen
die Seifenblase
das **Seil,** die Seile
die Seilbahn
seilspringen
der Seiltänzer,
die Seiltänzerin
sein, seine, seiner
sein Fahrrad
seinetwegen

schwindelig

sein

sein, ich bin, du bist, sie ist,
wir sind, ihr seid, er war,
ihr wart, sie ist gewesen,
ich wäre
Sei pünktlich!
seit
seit gestern
seitdem
die **Sei|te,** die Seiten
seitenlang
die Seitenstraße
seitlich
seitwärts
das **Se|kre|ta|ri|at,**
die Sekretariate
der Sekretär, die Sekretärin
der **Sekt**
die **Sek|te,** die Sekten
die **Se|kun|de,** die Sekunden
der Sekundenzeiger

die Sicherheit

sel|ber
selbst
die Selbstbedienung
selbstbewusst
selbstständig
oder: selbständig
das Selbstvertrauen
selbst|ver|ständ|lich
se|lig
die Seligkeit
der **Sel|le|rie** oder: die Sellerie
sel|ten
die Seltenheit
selt|sam
seltsamerweise
die **Sem|mel,** die Semmeln
der **Se|nat,** die Senate
sen|den, du sendest,
er sandte oder: er sendete,
sie hat gesandt
oder: sie hat gesendet
die Sendung
der **Senf**
der **Se|ni|or,** die Senioren
die **Se|ni|o|rin,** die Seniorinnen
sen|ken, du senkst
senk|recht
die **Sen|sa|ti|on,** die Sensationen
sensationell
die **Sen|se,** die Sensen
der **Sep|tem|ber**
Ser|bi|en
serbisch
die **Se|rie,** die Serien
die **Ser|pen|ti|ne,**
die Serpentinen
der **Ser|ver,** die Server

Singular

der **Ser|vice** 🗨️
    ser|vie|ren, du servierst
    die Serviette
der **Ses|sel,** die Sessel
    der Sessellift
das **Set** oder: der Set, die Sets
sich **set|zen,** du setzt dich
die **Seu|che,** die Seuchen
    seuf|zen, du seufzt
    der Seufzer
die **Se|xu|a|li|tät**

Sh

das **Sham|poo,** 🗨️
    die Shampoos
der **She|riff,** die Sheriffs 🗨️
das **Shet|land|po|ny,** 🗨️
    die Shetlandponys
    shop|pen, du shoppst
die **Shorts** 🗨️
die **Show,** die Shows 🗨️

Si

    sich
    sich freuen
die **Si|chel,** die Sicheln
    si|cher
    die Sicherheit
    der Sicherheitsgurt
    die Sicherheitsnadel
    sicherlich
    sichern
    die Sicherung
die **Sicht**
    sichtbar
    sichten
    die Sichtweise

    si|ckern, das Wasser sickert
    sie
    sie läuft, sie laufen
    sie|ben
    das Sieb
    sie|ben
    siebenmal
    der Siebte, die Siebte
    siebzehn
    siebzig
die **Sied|lung,** die Siedlungen
der **Sieg,** die Siege
    siegen
    der Sieger, die Siegerin
    die Siegerehrung
    siegessicher
das **Sie|gel,** die Siegel
das **Sig|nal,** die Signale
    signalisieren
    sig|nie|ren, du signierst
die **Sil|be,** die Silben
    das Silbenrätsel
    die Silbentrennung
das **Sil|ber**
    die Silbermedaille
    silbern
der **Si|lo** oder: das Silo, die Silos
das **Sil|ves|ter** oder: der Silvester, die Silvester
die **SIM-Kar|te,** die SIM-Karten
    sim|pel
sie **sind** → sein
    sin|gen, du singst, er sang, sie hat gesungen
    der Singvogel
der **Sin|gle,** die Singles 🗨️
der **Sin|gu|lar,** die Singulare

sinken

sin|ken, das Schiff sinkt, es sank, es ist gesunken
der Sinn, die Sinne
das Sinnesorgan
sinn|los
sinn|voll
die Sint|flut
die Sin|ti|za, die Sinti
der Sin|to, die Sinti
die Sip|pe, die Sippen
die Si|re|ne, die Sirenen
der Si|rup
die Sit|te, die Sitten
die Si|tu|a|ti|on, die Situationen
sit|zen, du sitzt, er saß, sie hat gesessen
der Sitz
die Sitzordnung
der Sitzplatz
die Sitzung

Sk

die Ska|la, die Skalen oder: Skalas
der Skan|dal, die Skandale
das Skate|board, 💬❗
die Skateboards
das Ske|lett, die Skelette
der Sketch, die Sketche
der Sketsch, die Sketsche
der Ski, die Skier oder: die Ski
Ski fahren
das Skispringen
die Skiz|ze, die Skizzen
skizzieren
der Skla|ve, die Sklaven
die Sklaverei

die Skla|vin, die Sklavinnen
der Skor|pi|on, die Skorpione
die Skulp|tur, die Skulpturen

Sl

der Sla|lom, die Slaloms
der Slip, die Slips
die Slo|wa|kei
slowakisch
Slo|we|ni|en
slowenisch
der Slum, die Slums 💬❗

Sm

das Smart|phone, 💬❗
die Smartphones
der Smog
der Smogalarm
die SMS, die SMS

So

so
so dass oder: sodass
so viele
so|bald
die So|cke oder: der Socken, die Socken
der So|ckel, die Sockel
so|eben
das So|fa, die Sofas
so|fort
das Soft|eis
die Soft|ware
so|gar
so|gleich
die Soh|le, die Sohlen
der Sohn, die Söhne

Sorge

die Söhne

die **So|ja|boh|ne,**
die Sojabohnen
so|lan|ge
Solange ich in der Schule bin, …
so lan|ge
Ich kann so lange lesen, bis …
die **So|lar|e|ner|gie**
die Solarzelle
solche, solcher, solches
der **Sol|dat,** die Soldaten
die **Sol|da|tin,** die Soldatinnen
sol|len, du sollst
das **So|lo,** die Solos oder: Soli
der Solist, die Solistin
solo spielen
der **Som|mer,** die Sommer
die Sommerferien
sommerlich
die Sommernacht
die Sommersprosse
das **Son|der|an|ge|bot,**
die Sonderangebote
son|der|bar
der **Son|der|müll**
son|dern

die **Son|der|schu|le,**
die Sonderschulen
der **Song,** die Songs
der **Sonn|abend**
die **Son|ne,** die Sonnen
der Sonnenbrand
die Sonnenenergie
der Sonnenstrahl
das Sonnensystem
sonnig
die **Son|nen|blu|me,**
die Sonnenblumen
der **Sonn|tag**
am Sonntag
am Sonntagabend
sonntags
sonst
sonstige, sonstiger, sonstiges
sonst wo
so|oft
Sooft es geht, komme ich.
so oft
Ich habe dir so oft gesagt, dass …
die **Sor|ge,** die Sorgen
sorgen
sorgfältig

149

Sorte

die **Sor|te,** die Sorten
sortieren
SOS
die **So|ße,** die Soßen
der **Souf|fleur,** 🔴
die Souffleure
die **Souf|fleu|se,** 🔴
die Souffleusen
der **Sound,** die Sounds 🔴
die Soundkarte
der Soundtrack
das **Sou|ve|nir,** 🔴
die Souvenirs
so|viel
Soviel ich weiß, ...
so viel
so viel Geld
so|wie|so
so|wohl
sowohl ... als auch ...
so|zi|al
die Sozialhilfe

Spa

der **Space|shut|tle,** 🔴
die Spaceshuttles
der **Spach|tel,** die Spachtel
spachteln
der **Spa|gat** oder: das Spagat,
die Spagate
die **Spa|ghet|ti** oder: die
Spagetti
spä|hen, du spähst
der **Spalt** oder: die Spalte,
die Spalten
spalten
die Spaltung
der **Spam** oder: das Spam,
die Spams
der **Span,** die Späne
die Spanplatte
die **Span|ge,** die Spangen
Spa|ni|en
spanisch
span|nen, du spannst
die Spanne
span|nend
die Spannung
spa|ren, du sparst
spärlich
sparsam
der **Spar|gel,** die Spargel
der **Spaß,** die Späße
spaßig
spät
spätabends
später einmal
spätestens
der **Spa|ten,** die Spaten
der **Spatz,** die Spatzen

Splitter

spa|zie|ren, du spazierst
spazieren gehen
der Spaziergang

Spe
der **Specht,** die Spechte
der **Speck**
speckig
der **Speer,** die Speere
der Speerwurf
die **Spei|che,** die Speichen
der **Spei|chel**
der **Spei|cher,** die Speicher
speichern
der Speicherplatz
die **Spei|se,** die Speisen
die Speisekarte
oder: Speisenkarte
speisen
die Speiseröhre
das **Spek|ta|kel,** die Spektakel
spen|den, du spendest
die Spende
spendieren
der **Sper|ling,** die Sperlinge
das **Sper|ma,** die Spermen
sper|ren, du sperrst
sperrangelweit
die Sperre
der Sperrmüll
die Sperrung
sich **spe|zi|a|li|sie|ren,**
du spezialisierst dich
der Spezialist,
die Spezialistin
die Spezialität
speziell

Spi
spi|cken, du spickst
der Spickzettel
der **Spie|gel,** die Spiegel
das Spiegelbild
spiegelglatt
spiegeln
die Spiegelung
spie|len, du spielst
das Spiel
spielerisch
der Spielverderber,
die Spielverderberin
das Spielzeug
der **Spieß,** die Spieße
spie|ßig
der **Spi|nat**
die **Spin|del,** die Spindeln
die **Spin|ne,** die Spinnen
das Spinnennetz
spin|nen, du spinnst, er
spann, sie hat gesponnen
das Spinnrad
spi|o|nie|ren, du spionierst
der Spion, die Spionin
die Spionage
die **Spi|ra|le,** die Spiralen
spitz
etwas spitzbekommen
die Spitze
spitzen
der Spitzer
der **Spitz|na|me,** die Spitznamen

Spl
der **Split|ter,** die Splitter
splittern

151

sponsern

Spo
spon|sern, die Sportlerin wird gesponsert
spon|tan
der **Sport**
die Sportart
der Sportler, die Sportlerin
sportlich
der Sportverein
spot|ten, du spottest
der Spott
spottbillig
spöttisch

Spr
die **Spra|che,** die Sprachen
sprachlos
der **Spray** oder: das Spray, die Sprays
sprayen
spre|chen, du sprichst, er sprach, sie hat gesprochen
Sprich!
die Sprechblase
der Sprecher, die Sprecherin
die Sprechstunde

spren|gen, du sprengst
der Sprengstoff
die Sprengung
das **Sprich|wort,**
die Sprichwörter
sprie|ßen, das Gras sprießt, es spross, es ist gesprossen
sprin|gen, du springst, er sprang, sie ist gesprungen
der Springbrunnen
der Springer, die Springerin
die Springflut
sprin|ten, du sprintest
der Sprint
der **Sprit**
sprit|zen, du spritzt
die Spritze
der Spritzer
spritzig
die Spritzpistole
der **Spross,** die Sprossen
die **Spros|se,** die Sprossen
die Sprossenwand
der **Spruch,** die Sprüche
der **Spru|del,** die Sprudel
sprudeln
sprü|hen, du sprühst
die Sprühdose
der Sprühregen
der **Sprung,** die Sprünge
die Sprungschanze

Standesamt

Spu
spu|cken, du spuckst
die Spucke
der **Spuk**
spuken
das Spukschloss
die **Spu|le,** die Spulen
spü|len, du spülst
die Spüle
die Spülmaschine
die Spülung
die **Spur,** die Spuren
spuren
spurlos
der Spurwechsel
spü|ren, du spürst
der Spürhund
spur|ten, du spurtest
der Spurt

Sq
das **Squash**

Sta
der **Staat,** die Staaten
die Staatsangehörigkeit
der Staatsbesuch
der Staatsbürger,
die Staatsbürgerin
staatlich
der **Stab,** die Stäbe
sta|bil
die Stabilität

der **Sta|chel,** die Stacheln
der Stacheldraht
stachelig oder: stachlig
das Stachelschwein
das **Sta|di|on,** die Stadien
das **Sta|di|um,** die Stadien
die **Stadt,** die Städte
stadtbekannt
die Stadtbücherei
städtisch
der Stadtplan
der Stadtrat
der Stadtteil
die Stadtverwaltung
die **Staf|fel,** die Staffeln
der Staffellauf
die **Staf|fe|lei,** die Staffeleien
der **Stahl**
stahlhart
der **Stall,** die Ställe
der **Stamm,** die Stämme
der Stammbaum
stammen, er stammt aus ...
der Stammplatz
stam|meln, du stammelst
stamp|fen, du stampfst
der **Stand,** die Stände
standfest
das Standlicht
der Standort
das **Stand-by** oder: Standby
das **Stan|des|amt,**
die Standesämter

die Spuren

ständig

    stän|dig
die Stan|ge, die Stangen
der Stän|gel, die Stängel
    stän|kern,
    du stänkerst
der Sta|pel, die Stapel
    stapeln
    stapelweise
    stap|fen, du stapfst
der Star (Vogel), die Stare
der Star (berühmter Mensch), die Stars
    stark, stärker, am stärksten
    die Stärke
    stärken
    die Stärkung
    starr
    starren
    starrköpfig
    der Starrsinn
der Start, die Starts
    die Startbahn
    starten
    startklar
    der Startschuss
die Sta|ti|on, die Stationen
    statt
    statt|des|sen
die Stät|te, die Stätten
    statt|fin|den, das Fest findet statt, es fand statt, es hat stattgefunden
die Sta|tue, die Statuen
der Stau, die Staus oder: Staue
    der Staudamm
    stauen
    der Stausee

der Staub
    Staub saugen
    oder: staubsaugen
    stauben
    staubig
    der Staubsauger
die Stau|de, die Stauden
    stau|nen, du staunst

Ste

das Steak, die Steaks
    ste|chen, du stichst, er stach, sie hat gestochen
    die Stechmücke
der Steck|brief, die Steckbriefe
    ste|cken, du steckst
    stecken bleiben
    die Steckdose
    der Stecker
    die Stecknadel
der Steg, die Stege
das Steg|reif|spiel, die Stegreifspiele
    ste|hen, du stehst, er stand, sie hat gestanden
    stehen lassen
    der Stehplatz
    steh|len, du stiehlst, er stahl, sie hat gestohlen

Steuer

der Stempel

steif
stei|gen, du steigst, er stieg, sie ist gestiegen
der Steigbügel
die Steigung
die **Stei|ge|rung,** die Steigerungen
steigern
die Steigerungsform
steil
die Steilküste
der **Stein,** die Steine
steinalt
der Steinbruch
steinhart
steinig
der Steinpilz
steinreich
die Steinzeit
die **Stel|le,** die Stellen
das Stellenangebot
stellenweise
der Stellvertreter, die Stellvertreterin
stel|len, du stellst
die Stellung
die **Stel|ze,** die Stelzen
stelzen

stem|men, du stemmst
der **Stem|pel,** die Stempel
das Stempelkissen
stempeln
die **Step|pe,** die Steppen
step|pen, du steppst
ster|ben, du stirbst, er starb, sie ist gestorben
sterbenslangweilig
sterblich
die **Ste|reo|an|la|ge,** die Stereoanlagen
ste|ril
der **Stern,** die Sterne
der Sternenhimmel
sternförmig
sternklar oder: sternenklar
die Sternschnuppe
die Sternwarte
das Sternzeichen
das **Ste|thos|kop,** die Stethoskope
ste|tig
stets
das **Steu|er,** die Steuer
steuern
das Steuerrad
die Steuerung

155

Steuer

die **Steu|er,** die Steuern
der Steuerberater,
die Steuerberaterin
steuerpflichtig
der **Ste|ward,** die Stewards
die **Ste|war|dess,**
die Stewardessen

Sti

der **Stich,** die Stiche
die Stichprobe
das Stichwort
im **Stich** lassen
sti|cheln, du stichelst
sti|cken, du stickst
die Stickerei
der **Sti|cker,** die Sticker
sti|ckig
der **Stie|fel,** die Stiefel
die **Stief|mut|ter,** die Stiefmütter
das **Stief|müt|ter|chen,**
die Stiefmütterchen
der **Stief|va|ter,** die Stiefväter
der **Stiel,** die Stiele
der **Stier,** die Stiere
der **Stift,** die Stifte
stif|ten, du stiftest
die Stiftung
der **Stil,** die Stile
stillos
still
die Stille
der Stille Ozean
stilllegen
stillschweigend
der Stillstand
stil|len, sie stillt das Baby

die **Stim|me,** die Stimmen
das Stimmband
stimmberechtigt
das Stimmrecht
der Stimmzettel
stim|men,
du stimmst deine Geige
die Stimmgabel
stim|men, stimmt es, dass ...
die **Stim|mung,**
die Stimmungen
stimmungsvoll
stin|ken, es stinkt, es stank,
es hat gestunken
stinkig
stinklangweilig
die **Stirn** oder: Stirne,
die Stirnen
das Stirnband
das Stirnrunzeln

Sto

stö|bern, du stöberst
sto|chern, du stocherst
der **Stock,** die Stöcke
stocksteif
stock|dun|kel
sto|cken, der Verkehr stockt
ins Stocken geraten
das **Stock|werk,** die Stockwerke
der **Stoff,** die Stoffe
der Stofffetzen
stofflich
stöh|nen, du stöhnst
der **Stol|len,** die Stollen
stol|pern, du stolperst
der Stolperstein

Strauch

stolz
der Stolz
stolzieren
stop|fen, du stopfst
die Stopfnadel
die **Stop|pel,** die Stoppeln
der Stoppelbart
das Stoppelfeld
stop|pen, du stoppst
Stopp!
der Stopp
das Stoppschild
die Stoppuhr
der **Stöp|sel,** die Stöpsel
stöpseln
der **Storch,** die Störche
das Storchennest
stö|ren, du störst
störend
der Störenfried
die Störung
stor|nie|ren,
wir stornieren die Reise
stör|risch
die **Sto|ry,** die Storys
sto|ßen, du stößt, er stieß, sie hat gestoßen
der Stoß
der Stoßdämpfer
die Stoßstange
stoßweise
stot|tern, du stotterst

Str
die **Stra|fe,** die Strafen
strafbar
strafen
straffrei
sträflich
der Strafraum
der Strafstoß
die Straftat
straff
strah|len, du strahlst
der Strahl
strahlend
die Strahlung
die **Sträh|ne,** die Strähnen
strähnig
stramm
stram|peln, das Baby strampelt
der **Strand,** die Strände
stranden
das Strandgut
der Strandkorb
die **Stra|pa|ze,** die Strapazen
strapazieren
die **Stra|ße,** die Straßen
die Straßenbahn
die Straßenkreuzung
der Straßenname
der Straßenverkehr
die **Stra|te|gie,** die Strategien
das Strategiespiel
sich **sträu|ben,** du sträubst dich
der **Strauch,** die Sträucher

störend

Strauß

der Sturm

- der **Strauß** (Blumenstrauß), die Sträuße
- der **Strauß** (Vogel), die Strauße
- **stre|ben,** du strebst
- der Streber, die Streberin
- strebsam
- die **Stre|cke,** die Strecken
- sich strecken
- der **Street|ball**
- der **Streich,** die Streiche
- **strei|cheln,** du streichelst
- **strei|chen,** du streichst, er strich, sie hat gestrichen
- das Streichholz
- **strei|fen,** du streifst
- die Streife
- der Streifzug
- der **Strei|fen,** die Streifen
- **strei|ken,** du streikst
- der Streik
- **strei|ten,** du streitest, er stritt, sie hat gestritten
- der Streit
- die Streitigkeiten
- **streng**
- die Strenge

- der **Stress**
- stressen
- stressig
- **streu|en,** du streust
- die Streu
- die Streuung
- **streu|nen,** du streunst
- der **Strich,** die Striche
- stricheln
- der **Strick,** die Stricke
- die Strickleiter
- **stri|cken,** du strickst
- die Strickjacke
- die Stricknadeln
- **strie|geln,** du striegelst
- der **Strie|men,** die Striemen
- **strikt**
- das **Stroh**
- der Strohhut
- der **Strom** (großer Fluss), die Ströme
- strömen
- die Strömung
- der **Strom** (Elektrizität)
- der Stromausfall
- das Stromkabel

Sucht

die **Stro|phe,** die Strophen
strot|zen, du strotzt
strub|be|lig oder: strubblig
der **Stru|del,** die Strudel
der **Strumpf,** die Strümpfe
die Strumpfhose
strup|pig

Stu
die **Stu|be,** die Stuben
stubenrein
das **Stück,** die Stücke
stückeln
stückweise
stu|die|ren, du studierst
der Student, die Studentin
das Studium
das **Stu|dio,** die Studios
die **Stu|fe,** die Stufen
der Stufenbarren
stufenweise
der **Stuhl,** die Stühle
das Stuhlbein
stül|pen, du stülpst
stumm
der Stummfilm
der **Stum|mel,** die Stummel
der Stummelschwanz
stumpf
stumpfsinnig
der **Stumpf,** die Stümpfe
die **Stun|de,** die Stunden
stundenlang
der Stundenplan
stündlich
das **Stunt|girl,** die Stuntgirls ⚠
der **Stunt|man,** die Stuntmen ⚠

stup|sen, du stupst
die Stupsnase
stur
die Sturheit
der **Sturm,** die Stürme
die Sturmböe
stürmen
der Stürmer, die Stürmerin
die Sturmflut
stürmisch
stür|zen, du stürzt
der Sturz
der Sturzhelm
die **Stu|te,** die Stuten
Stutt|gart
stut|zen, du stutzt
stutzig
stüt|zen, du stützt
die Stütze

Sty
sich **sty|len,** du stylst dich ⚠
das **Sty|ro|por**

Su
das **Sub|jekt,** die Subjekte
das **Sub|stan|tiv,** die Substantive
sub|tra|hie|ren,
du subtrahierst
die Subtraktion
su|chen, du suchst
die Suchaktion
die Suche
die Suchmaschine
die **Sucht,** die Süchte
oder: Suchten
süchtig

Süden

der **Sü|den**
südlich
der Südpol
die Südsee
die **Süh|ne**
sühnen
die **Sum|me,** die Summen
sum|men, du summst
der **Sumpf,** die Sümpfe
sumpfig
die **Sün|de,** die Sünden
der Sündenbock
su|per
der Supermarkt
superschlau
der Superstar
die **Sup|pe,** die Suppen
sur|fen, du surfst
das Surfbrett
der Surfer, die Surferin
sur|ren, du surrst
das **Su|shi,** die Sushis
süß
süßen
die Süßigkeit
süßlich
süßsauer

Sw
das **Sweat|shirt,**
die Sweatshirts
der **Swim|ming|pool,**
die Swimmingpools

Sy
das **Sym|bol,** die Symbole
symbolisch

sym|me|trisch
die Symmetrie
die Symmetrieachse
die **Sym|pa|thie,** die Sympathien
sympathisch
die **Sy|na|go|ge,** die Synagogen
Sy|ri|en
syrisch
das **Sys|tem,** die Systeme
systematisch

Sz
die **Sze|ne,** die Szenen

Ta
der **Ta|bak**
die **Ta|bel|le,** die Tabellen
die Tabellenführung
der Tabellenplatz
tabellarisch
das **Ta|blet,** die Tablets
das **Ta|blett,** die Tabletts
oder: Tablette
die **Ta|blet|te,** die Tabletten
das **Ta|bu,** die Tabus
tabu sein
der **Ta|cho,** die Tachos
der Tachometer
oder: das Tachometer
ta|deln, du tadelst
der Tadel
tadellos
die **Ta|fel,** die Tafeln

160

Tau

der **Tag,** die Tage
bei Tag und Nacht
das Tagebuch
tagelang
die Tageszeit
die Tageszeitung
täglich
tagsüber
die **Ta|gung,** die Tagungen
der **Tai|fun,** die Taifune
die **Tail|le,** die Taillen ⚠️
der **Takt,** die Takte
taktlos
die **Tak|tik,** die Taktiken
taktisch
das **Tal,** die Täler
die Talfahrt
die Talsperre
das **Ta|lent,** die Talente
talentiert
der **Ta|lis|man,** die Talismane
die **Talk|show,** ⚠️
die Talkshows
der Talkmaster,
die Talkmasterin
das **Tam|bu|rin,** die Tamburine
der **Tam|pon,** die Tampons
das **Tan|dem,** die Tandems
der **Tang,** die Tange
tan|ken, du tankst
der Tank
der Tanker
die Tankstelle
die **Tan|ne,** die Tannen
die Tannennadel
der Tannenzapfen
die **Tan|te,** die Tanten

tan|zen, du tanzt
der Tanz
tänzeln
der Tänzer, die Tänzerin
das **Tape** oder: der Tape, ⚠️
die Tapes
die **Ta|pe|te,** die Tapeten
tapezieren
tap|fer
die Tapferkeit
tap|pen, du tappst
tap|sig
der **Ta|rif,** die Tarife
sich **tar|nen,** du tarnst dich
die Tarnung
die **Ta|sche,** die Taschen
das Taschengeld
der Taschenrechner
das Taschentuch
die **Tas|se,** die Tassen
die **Tas|te,** die Tasten
die Tastatur
tas|ten, du tastest
der Tastsinn
die **Tat,** die Taten
der Täter, die Täterin
der Tatort
tä|tig
die Tätigkeit
tä|to|wie|ren, du tätowierst
das Tatoo oder: der Tatoo
die Tätowierung
die **Tat|sa|che,** die Tatsachen
tatsächlich
die **Tat|ze,** die Tatzen
der **Tau** (Niederschlag)
der Tautropfen

161

Tau

das **Tau** (Seil), die Taue
das Tauziehen
taub
die **Tau|be,** die Tauben
tau|chen, du tauchst
der Taucher, die Taucherin
die Taucherausrüstung
tau|en, es taut
das Tauwetter
die **Tau|fe,** die Taufen
taufen
der Taufpate, die Taufpatin
tau|gen, das Gerät
taugt nichts
tauglich
tau|meln, du taumelst
tau|schen, du tauschst
der Tausch
sich **täu|schen,** du täuschst dich
die Täuschung
der Täuschungsversuch
tau|send
tausend Euro
die Tausendjahrfeier
tausendmal
der **Tau|send|fü|ßer,**
die Tausendfüßer
der Tausendfüßler
das **Ta|xi,** die Taxis

Te

das **Team,** die Teams
die Teamarbeit
das Teamteaching
die **Tech|nik,** die Techniken
der Techniker,
die Technikerin
technisch
die Technologie
der **Tech|no** oder: das Techno
der **Ted|dy,** die Teddys
der Teddybär
der **Tee,** die Tees
der Teebeutel
die Teetasse
der Teelöffel
der **Teen|ager,** die Teenager
der **Teer**
teeren
der **Teich,** die Teiche
der **Teig,** die Teige
teigig
die Teigwaren
tei|len, du teilst
der Teil oder: das Teil
zum Teil
teilbar
der Teiler
die Teilung
teilweise

die Theke

Ticket

teil|neh|men, du nimmst teil, er nahm teil, sie hat teilgenommen
die Teilnahme
der Teilnehmer,
die Teilnehmerin
das Te|le|fax, die Telefaxe
das Te|le|fon, die Telefone
telefonieren
telefonisch
das Te|les|kop, die Teleskope
der Tel|ler, die Teller
der Tem|pel, die Tempel
das Tem|pe|ra|ment,
die Temperamente
temperamentvoll
die Tem|pe|ra|tur,
die Temperaturen
das Tem|po, die Tempos
oder: Tempi
der Tempomat®
das Tempolimit
das Ten|nis
Tennis spielen
der Tep|pich, die Teppiche
der Teppichboden
der Ter|min, die Termine
der Ter|mi|nal 👉❗ oder:
das Terminal, die Terminals
das Ter|ra|ri|um, die Terrarien
die Ter|ras|se, die Terrassen
der Ter|ror
terrorisieren
der Terrorismus
der Test, die Tests oder: Teste
testen
das Tes|ta|ment, die Testamente

der Te|tra|pak, die Tetrapaks
teu|er
der Teu|fel, die Teufel
teuflisch
der Text, die Texte
die Textaufgabe
die Tex|ti|li|en

Th

das The|a|ter, die Theater
die Theatergruppe
das Theaterstück
die The|ke, die Theken
das The|ma, die Themen
oder: Themata
die The|o|rie, die Theorien
theoretisch
die The|ra|pie, die Therapien
das Ther|mal|bad,
die Thermalbäder
das Ther|mo|me|ter,
die Thermometer
die Ther|mos|kan|ne,
die Thermoskannen
der Ther|mos|tat,
die Thermostate
die The|se, die Thesen
die Tho|ra
der Thron, die Throne
der Thun|fisch, die Thunfische
Thü|rin|gen
der Thy|mi|an

Ti

der Tick, die Ticks
ti|cken, die Uhr tickt
das Ti|cket, die Tickets

163

tief

tief
die Tiefe
der Tiefflug
die Tiefgarage
das Tiefkühlfach
das **Tier,** die Tiere
der Tierarzt, die Tierärztin
tierlieb
die Tierquälerei
der Tierschutz
der **Ti|ger,** die Tiger
der **Ti|mer,** die Timer
die **Tin|te,** die Tinten
der Tintenfisch
der **Tipp,** die Tipps
der Tippzettel
tip|pen, du tippst
der Tippfehler
der **Tisch,** die Tische
die Tischdecke
der Tischler, die Tischlerin
das Tischtennis
der **Ti|tel,** die Titel
das Titelbild
der Titelverteidiger

To

der **Toast,** die Toaste
oder: Toasts
das Toastbrot
toasten
der Toaster
to|ben, du tobst
tobsüchtig
der Tobsuchtsanfall
die **Toch|ter,** die Töchter

der **Tod**
der Todesfall
die Todesgefahr
todkrank
todlangweilig
tödlich
todsicher
der **To|fu**
toi, toi, toi
die **To|i|let|te,** die Toiletten
das Toilettenpapier
to|le|rant
die Toleranz
tolerieren
toll
tol|len, du tollst
die **Toll|wut**
tollwütig
die **To|ma|te,** die Tomaten
das Tomatenmark
die Tomatensauce
oder: Tomatensoße
die **Tom|bo|la,** die Tombolas
der **Ton** (Lehm)
das Tongefäß
der **Ton** (Laut), die Töne
die Tonart
tönen
der Tonfall
die Tonleiter
tö|nen, du tönst die Haare
die Tönung
die **Ton|ne** (t), die Tonnen
tonnenweise
der **Topf,** die Töpfe
der Topflappen
die Topfpflanze

Traktor

der Tobsuchtsanfall

töp|fern, du töpferst
die Töpferei
top|fit
das **Tor,** die Tore
der Torwart, die Torwartin
der **Torf**
tö|richt
tor|keln, du torkelst
der **Tor|na|do,** die Tornados
die **Tor|te,** die Torten
to|sen, der Sturm tost
tot
sich tot stellen
der Tote, die Tote
töten
totenblass
sich totlachen
to|tal
total gut
der Totalschaden
der **Touch|screen,**
die Touchscreens
die **Tour,** die Touren
die Tournee

der **Tou|rist,** die Touristen
der Tourismus
die **Tou|ris|tin,**
die Touristinnen

Tr

tra|ben, das Pferd trabt
der Trab
die **Tracht,** die Trachten
trächt|ig
die **Tra|di|ti|on,** die Traditionen
der **Tra|fo,** die Trafos
der Transformator
trä|ge oder: träg
die Trägheit
tra|gen, du trägst, er trug,
sie hat getragen
die Tragbahre
tra|gisch
trai|nie|ren, du trainierst
der Trainer, die Trainerin
das Training
der Trainingsanzug
der **Trak|tor,** die Traktoren

165

trampeln

tram|peln, du trampelst
der Trampelpfad
tram|pen, du trampst ⚠️
das **Tram|po|lin,** die Trampoline
die **Trä|ne,** die Tränen
tränenüberströmt
trän|ken, du tränkst
die Tränke
trans|pa|rent
das Transparentpapier
trans|por|tie|ren,
du transportierst
der Transport
transportfähig
das **Tra|pez,** die Trapeze
trapezförmig
trat|schen, du tratschst
der Tratsch
die **Trau|be,** die Trauben
der Traubenzucker
sich **trau|en,** du traust dich
trau|ern, du trauerst
die Trauer
träu|feln, du träufelst
der **Traum,** die Träume
träumen
traumhaft
das Traumpaar

trau|rig
die Traurigkeit
die **Trau|ung,** die Trauungen
der Trauzeuge,
die Trauzeugin
der **Tre|cker,** die Trecker
tref|fen, du triffst, er traf,
sie hat getroffen
das Treffen
treffend
der Treffer
der Treffpunkt
trei|ben, du treibst, er trieb,
sie hat getrieben
das Treiben
das **Treib|haus,** die Treibhäuser
der Treibhauseffekt
tren|nen, du trennst
sich trennen
trennbar
die Trennung
das Trennungszeichen
die Trennwand
die **Tren|se,** die Trensen
die **Trep|pe,** die Treppen
treppauf und treppab
das Treppengeländer
das Treppenhaus
der **Tre|sor,** die Tresore

der Trick

Trost

tre|ten, du trittst, er trat,
sie hat getreten
das Tretboot
treu
die Treue
treuherzig
treulos
der Tri|an|gel oder: die Triangel,
die Triangel
die Tri|bü|ne, die Tribünen
der Trich|ter, die Trichter
trichterförmig
der Trick, die Tricks
der Trickfilm
trick|sen, du trickst
der Trieb, die Triebe
trie|fen, du triefst
triefnass
das Tri|kot, die Trikots
tril|lern, du trillerst
die Trillerpfeife

sich trim|men, du trimmst dich
trin|ken, du trinkst, er trank,
sie hat getrunken
trinkbar
das Trinkgeld
das Trinkwasser
der Trip, die Trips
trip|peln, du trippelst
trist
der Tritt, die Tritte
das Trittbrett
der Tri|umph, die Triumphe
triumphieren
tro|cken
die Trockenheit
trocknen
der Trockner
der Trö|del
der Trödelmarkt
trö|deln, du trödelst
der Trog, die Tröge
die Trom|mel, die Trommeln
das Trommelfell
trommeln
die Trom|pe|te, die Trompeten
die Tro|pen
tropisch
trop|fen, der Hahn tropft
tröpfeln
der Tropfen
die Tropfsteinhöhle
die Tro|phäe, die Trophäen
der Trost
trösten
trostlos
das Trostpflaster
der Trostpreis

trotten

trot|ten, du trottest
trotzdem
trotz allem
der Trotz
trot|zig
trotzen
trü|be oder: trüb
der Tru|bel
tru|deln, der Ball trudelt
die Tru|he, die Truhen
die Trüm|mer
der Trümmerhaufen
der Trumpf, die Trümpfe
die Trup|pe, die Truppen
der Trut|hahn, die Truthähne

Ts

der Tsa|tsi|ki oder: das Tsatsiki
Tsche|chi|en
tschechisch
tschüs oder: tschüss
das T-Shirt, die T-Shirts
der Tsu|na|mi

Tu

die Tu|be, die Tuben
das Tuch, die Tücher
tüch|tig
die Tüchtigkeit
tu|ckern, das Boot tuckert
tü|ckisch
die Tücke
tüf|teln, du tüftelst
der Tüftler, die Tüftlerin
die Tul|pe, die Tulpen
sich tum|meln, du tummelst dich
der Tummelplatz

der Tu|mor, die Tumoren
der Tüm|pel, die Tümpel
der Tu|mult, die Tumulte
tun, du tust, er tat,
sie hat getan
der Tun|fisch, die Tunfische
die Tu|ni|ka, die Tuniken
tun|ken, du tunkst
der Tun|nel, die Tunnel
oder: Tunnels
tup|fen, du tupfst
die Tür, die Türen
die Türklinke
der Türrahmen
der Tur|ban, die Turbane
die Tur|bi|ne, die Turbinen
tur|bu|lent
die Tür|kei
türkisch
tür|kis
der Turm, die Türme
türmen
turmhoch
die Turmuhr
tur|nen, du turnst
der Turnbeutel
der Turner, die Turnerin
der Turnverein
das Turnzeug
das Tur|nier, die Turniere
die Tu|sche, die Tuschen
tu|scheln, du tuschelst
die Tü|te, die Tüten

Ty

der Typ, die Typen
typisch

Ub

- die **U-Bahn,** die U-Bahnen
- die Untergrundbahn
- **übel**
- etwas übel nehmen
- die Übelkeit
- **üben,** du übst
- die Übung
- **über**
- **über|all**
- der **Über|blick**
- überblicken
- **über|ei|nan|der**
- übereinanderlegen
- **über|emp|find|lich**
- die **Über|fahrt,** die Überfahrten
- der **Über|fall,** die Überfälle
- überfallen
- der **Über|fluss**
- überflüssig
- die **Über|ga|be,** die Übergaben
- übergeben
- der **Über|gang,** die Übergänge
- **über|ge|schnappt**
- das **Über|ge|wicht**
- **über|haupt**
- **über|heb|lich**
- **über|ho|len,** du überholst
- die Überholspur
- das Überholverbot
- **über|le|gen,** du überlegst
- die Überlegung
- **über|lis|ten,** du überlistest

- **über|mor|gen**
- übermorgen Abend
- übermorgen früh
- **über|mü|det**
- die Übermüdung
- der **Über|mut**
- übermütig
- **über|nach|ten,** du übernachtest
- die Übernachtung
- **über|que|ren,** du überquerst
- **über|ra|schen,** du überraschst
- überraschend
- die Überraschung
- **über|re|den** → reden
- die Überredungskunst
- **über|re|gi|o|nal**
- **über|rei|chen** → reichen
- die Überreichung
- **über|schau|bar**
- die **Über|schrift,** die Überschriften
- **über|schwäng|lich**
- die **Über|schwem|mung,** die Überschwemmungen
- **über|set|zen,** du übersetzt
- die Übersetzung
- **über|sicht|lich**
- die Übersicht
- **über|stim|men** → stimmen
- die **Über|stun|de,** die Überstunden
- **über|trei|ben,** du übertreibst, er übertrieb, sie hat übertrieben
- die Übertreibung

überwältigen

über|wäl|ti|gen,
du überwältigst
überwältigend
über|wei|sen, du überweist,
er überwies, sie hat
überwiesen
die Überweisung
über|win|den,
du überwindest,
er überwand, sie hat
überwunden
sich überwinden
die Überwindung
über|win|tern, das Tier
überwintert
die **Über|zahl,** die Überzahlen
über|zeu|gen, du überzeugst
die Überzeugung
üb|lich
das **U-Boot,** die U-Boote
das Unterseeboot
üb|rig
üb|ri|gens
die **Übung,** die Übungen
die Übungsaufgaben

Uf
das **Ufer,** die Ufer
uferlos
das **Ufo,** die Ufos

Uh
die **Uhr,** die Uhren
drei Uhr
die Uhrzeit
der **Uhu,** die Uhus

Uk
die **Ukra|i|ne**
ukrainisch

Ul
ul|kig
die **Ul|me,** die Ulmen
das **Ul|ti|ma|tum,** die Ultimaten
der **Ul|tra|schall**

Um
um
um drei Uhr
um|ar|men, du umarmst
um|blät|tern, du blätterst um
um|dre|hen → drehen
die Umdrehung
der **Um|fang,** die Umfänge
umfangreich
die **Um|fra|ge,** die Umfragen
der **Um|gang**
die Umgangssprache
die **Um|ge|bung,**
die Umgebungen
umgeben
um|ge|hen, du umgehst,
er umging, sie hat umgangen
die Umgehungsstraße
um|ge|kehrt
der **Um|hang,** die Umhänge
umhängen

die Ufos

170

Unfall

	um|keh|ren, du kehrst um
der	Um|klei|de|raum,
	die Umkleideräume
	um|krem|peln,
	du krempelst um
der	Um|laut, die Umlaute
	um|lei|ten → leiten
	die Umleitung
	um|ran|den, du umrandest
	die Umrandung
	um|rech|nen → rechnen
	die Umrechnung
der	Um|riss, die Umrisse
der	Um|satz, die Umsätze
	um|schal|ten → schalten
	Um|schlag, die Umschläge
	um|so
	umso besser
	um|sonst
	um|ständ|lich
sich	um|stel|len, du stellst
	dich um
	die Umstellung
	um|tau|schen → tauschen
	der Umtausch
der	Um|weg, die Umwege
die	Um|welt
	umweltfreundlich
	der Umweltschutz
	die Umweltverschmutzung
	um|zie|hen, du ziehst um,
	er zog um, sie ist
	umgezogen
der	Um|zug, die Umzüge

Un

un|ab|hän|gig
die Unabhängigkeit
un|an|ge|nehm
un|auf|fäl|lig
un|aus|ge|schla|fen
un|aus|steh|lich
un|barm|her|zig
un|be|dingt
un|be|kannt
un|be|liebt
un|be|mannt
un|be|nutzt
un|be|ob|ach|tet
un|be|quem
un|be|re|chen|bar
un|be|schreib|lich
un|be|waff|net
un|be|zahl|bar
und
un|dank|bar
un|deut|lich
un|dicht
un|durch|sich|tig
un|end|lich
un|ent|schie|den
un|ent|schul|digt
un|er|laubt
un|er|träg|lich
un|er|war|tet
un|er|wünscht
un|fair
der Un|fall, die Unfälle
die Unfallgefahr
die Unfallursache

unfassbar

un|fass|bar
un|freund|lich
der Un|fug
Unfug treiben
Un|garn
ungarisch
un|ge|dul|dig
die Ungeduld
un|ge|fähr
un|ge|fähr|lich
das Un|ge|heu|er, die Ungeheuer
un|ge|nau
un|ge|nü|gend
un|ge|ra|de
un|ge|recht
die Ungerechtigkeit
un|ge|schickt
un|ge|schminkt
un|ge|sund
un|ge|wa|schen
un|ge|wiss
die Ungewissheit
un|ge|wöhn|lich
un|ge|wohnt
un|gif|tig
un|glaub|lich
das Un|glück, die Unglücke
unglücklich
der Unglücksfall
der Unglücksrabe
un|gül|tig
un|güns|tig
un|heim|lich
un|höf|lich
die Unhöflichkeit
un|hy|gi|e|nisch
die Uni|form, die Uniformen

un|in|te|res|sant
die Uni|ver|si|tät,
die Universitäten
un|klar
un|kon|zen|triert
das Un|kraut
un|le|ser|lich
un|lo|gisch
un|mög|lich
un|mo|ra|lisch
un|nach|gie|big
un|nö|tig
das Un|recht
un|re|gel|mä|ßig
un|reif
die Unreife
un|ru|hig
die Unruhe
uns, unser, unsere
un|sach|lich
un|schul|dig
die Unschuld
un|si|cher
die Unsicherheit
un|sicht|bar
der Un|sinn
un|ten
un|ter
unter anderem
untereinander
un|ter|bre|chen,
du unterbrichst,
er unterbrach, sie hat
unterbrochen
die Unterbrechung
die Un|ter|brin|gung,
die Unterbringungen

Unterteilung

ungerecht

un|ter|drü|cken,
du unterdrückst
die Unterdrückung
die **Un|ter|füh|rung,**
die Unterführungen
der **Un|ter|gang**
un|ter|halb
der **Un|ter|halt**
Unterhalt zahlen
un|ter|hal|ten,
du unterhältst,
er unterhielt, sie hat
unterhalten
sich unterhalten
unterhaltsam
die Unterhaltung
die **Un|ter|ho|se,** die Unterhosen
un|ter|ir|disch
die **Un|ter|kunft,** die Unterkünfte
un|ter|neh|men,
du unternimmst,
er unternahm, sie hat
unternommen
unternehmungslustig
das **Un|ter|neh|men,**
die Unternehmen

der **Un|ter|richt**
unterrichten
unterrichtsfrei
un|ter|schei|den,
du unterscheidest,
er unterschied, sie hat
unterschieden
die Unterscheidung
der **Un|ter|schied,**
die Unterschiede
unterschiedlich
der **Un|ter|schlupf**
unterschlüpfen
die **Un|ter|schrift,**
die Unterschriften
un|ter|strei|chen,
du unterstreichst
die Unterstreichung
un|ter|stüt|zen, du unterstützt
die Unterstützung
un|ter|su|chen,
du untersuchst
die Untersuchung
die **Un|ter|tas|se,** die Untertassen
die **Un|ter|tei|lung,**
die Unterteilungen

173

Unterwäsche

die **Un|ter|wä|sche**
un|ter|wegs
un|treu
die Untreue
un|über|legt
un|über|sicht|lich
un|un|ter|bro|chen
un|ver|dünnt
un|ver|gess|lich
un|ver|nünf|tig
die Unvernunft
un|ver|schämt
die Unverschämtheit
un|ver|ständ|lich
un|voll|stän|dig
un|vor|sich|tig
un|wahr|schein|lich
das **Un|wet|ter,** die Unwetter
un|zäh|lig
un|zer|trenn|lich
un|zu|frie|den
die Unzufriedenheit
un|zu|ver|läs|sig

Up
üp|pig

Ur
ur|alt
der **Ura|nus**
der **Ur|ein|woh|ner,**
die Ureinwohner
die **Ur|ein|woh|ne|rin,**
die Ureinwohnerinnen
der **Ur|en|kel,** die Urenkel
die **Ur|en|ke|lin,**
die Urenkelinnen

ur|ge|müt|lich
die **Ur|groß|el|tern**
die Urgroßmutter
der Urgroßvater
der **Urin**
die **Ur|kun|de,** die Urkunden
der **Ur|laub,** die Urlaube
die Urlaubsreise
die **Ur|ne,** die Urnen
die **Ur|sa|che,** die Ursachen
der **Ur|sprung,** die Ursprünge
ursprünglich
das **Ur|teil,** die Urteile
urteilen
der **Ur|wald,** die Urwälder
die **Ur|zeit**
seit Urzeiten

Us
die **USA**
United States of America
der **User,** die User
die **Use|rin,** die Userinnen

Uv
die **UV-Strah|len**
die ultravioletten Strahlen

Va
die **Va|gi|na,** die Vaginen
der **Vam|pir,** die Vampire
die **Va|nil|le**
das Vanilleis

verdauen

die Va|se, die Vasen
der Va|ter, die Väter
  väterlich
der Va|ti|kan

Ve
ve|ge|ta|risch
  der Vegetarier,
  die Vegetarierin
das **Veil|chen,** die Veilchen
  veilchenblau
die **Ve|ne,** die Venen
das **Ven|til,** die Ventile
der **Ven|ti|la|tor,**
  die Ventilatoren
die **Ve|nus**
sich **ver|ab|re|den,**
  du verabredest dich
  die Verabredung
sich **ver|ab|schie|den,**
  du verabschiedest dich
  die Verabschiedung
ver|ach|ten, du verachtest
  verächtlich
  die Verachtung
die **Ve|ran|da,** die Veranden
ver|än|dern → ändern
  veränderlich
  die Veränderung
die **Ver|an|stal|tung,**
  die Veranstaltungen
  veranstalten
die **Ver|ant|wor|tung,**
  verantworten
  verantwortlich
das **Verb,** die Verben
der **Ver|band,** die Verbände

die **Ver|ban|nung,**
  die Verbannungen
ver|ber|gen, du verbirgst,
  er verbarg, sie hat
  verborgen
ver|bes|sern,
  du verbesserst
  die Verbesserung
sich **ver|beu|gen,**
  du verbeugst dich
  die Verbeugung
ver|bie|ten, du verbietest,
  er verbot, sie hat verboten
ver|bin|den, du verbindest,
  er verband, sie hat
  verbunden
  die Verbindung
ver|bis|sen
ver|blüfft
das **Ver|bot,** die Verbote
  das Verbotsschild
der **Ver|brauch**
  verbrauchen
  der Verbraucher,
  die Verbraucherin
das **Ver|bre|chen,** die Verbrechen
  die Verbrecherjagd
ver|brei|ten, du verbreitest
ver|bren|nen → brennen
  die Verbrennung
der **Ver|dacht**
  verdächtig
  verdächtigen
Ver|dammt!
ver|dat|tert
ver|dau|en, du verdaust
  die Verdauung

175

Verdeck

das **Ver|deck,** die Verdecke
verdecken
ver|der|ben, die Wurst verdirbt, sie verdarb, sie ist verdorben
den Spaß verderben
ver|die|nen, du verdienst
der Verdienst
ver|dop|peln, du verdoppelst
die Verdoppelung
oder: Verdopplung
ver|drän|gen, du verdrängst
ver|dun|keln, du verdunkelst
ver|dün|nen, du verdünnst
die Verdünnung
ver|duns|ten, das Wasser verdunstet
die Verdunstung
ver|dutzt
ver|eh|ren, du verehrst
der **Ver|ein,** die Vereine
ver|ein|ba|ren, du vereinbarst
die Vereinbarung
die **Ver|ei|ni|gung,**
die Vereinigungen
vereinigen
vereint

der **Ver|fall**
verfallen
das Verfallsdatum
ver|fas|sen, du verfasst
der Verfasser,
die Verfasserin
die **Ver|fas|sung,**
die Verfassungen
ver|fol|gen → folgen
die Verfolgung
die Verfolgungsjagd
ver|gam|melt
die **Ver|gan|gen|heit**
ver|ge|ben, du vergibst, er vergab, sie hat vergeben
die Vergebung
ver|geb|lich
ver|ges|sen, du vergisst, er vergaß, sie hat vergessen
vergesslich
die **Ver|gif|tung,**
die Vergiftungen
vergiften
das **Ver|giss|mein|nicht,**
die Vergissmeinnicht
oder: Vergissmeinnichte

vergleichen

verleihen

ver|glei|chen,
du vergleichst, er verglich,
sie hat verglichen
der Vergleich
vergleichbar
die Vergleichsform
das Ver|gnü|gen
sich vergnügen
vergnügt
ver|grö|ßern,
du vergrößerst
die Vergrößerung
ver|haf|ten, der Polizist
verhaftet
die Verhaftung
das Ver|hal|ten
sich verhalten
das Ver|hält|nis|wort,
die Verhältniswörter
ver|han|deln,
du verhandelst
die Verhandlung
sich ver|has|peln,
du verhaspelst dich
ver|hasst
ver|hät|scheln,
du verhätschelst
ver|heim|li|chen,
du verheimlichst
ver|hei|ra|tet
ver|hext
ver|hin|dern, du verhinderst
die Verhinderung
das Ver|hör, die Verhöre
verhören
die Ver|hü|tung
sich ver|ir|ren, du verirrst dich

ver|ka|belt
ver|kau|fen → kaufen
der Verkauf
der Verkäufer,
die Verkäuferin
verkäuflich
der Ver|kehr
verkehrsberuhigt
das Verkehrschaos
die Verkehrserziehung
verkehrssicher
der Verkehrsstau
verkehrswidrig
das Verkehrszeichen
ver|kehrt
sich ver|klei|den,
du verkleidest dich
die Verkleidung
sich ver|klei|nern, du verkleinerst
ver|kno|tet
ver|korkst
ver|krampft
der Ver|lag, die Verlage
ver|lan|gen, du verlangst
ver|län|gern,
du verlängerst
die Verlängerung
die Verlängerungsschnur
ver|las|sen, du verlässt,
er verließ, sie hat
verlassen
die Verlassenheit
ver|le|gen
die Verlegenheit
ver|lei|hen → leihen
der Verleih
die Verleihung

verletzen

ver|let|zen, du verletzt
sich verletzen
verletzt
der Verletzte, die Verletzte
die Verletzung
die Verletzungsgefahr
sich **ver|lie|ben,** du verliebst dich
verliebt
die Verliebten
ver|lie|ren, du verlierst,
er verlor, sie hat verloren
der Verlierer, die Verliererin
das **Ver|lies,** die Verliese
die **Ver|lo|bung,**
die Verlobungen
sich verloben
ver|lo|ckend
ver|lo|ren
verloren gehen
die **Ver|lo|sung,**
die Verlosungen
verlosen
der **Ver|lust,** die Verluste
die **Ver|meh|rung**
sich vermehren
ver|mei|den → meiden
vermeidbar

ver|mie|ten → mieten
der Vermieter, die Vermieterin
ver|mis|sen, du vermisst
ver|mit|teln, du vermittelst
das **Ver|mö|gen,** die Vermögen
ver|mu|ten, du vermutest
vermutlich
die Vermutung
ver|nach|läs|si|gen,
du vernachlässigst
die **Ver|neh|mung,**
die Vernehmungen
vernehmen
vernehmungsfähig
ver|nich|ten, du vernichtest
ver|nünf|tig
die Vernunft
ver|öf|fent|li|chen,
du veröffentlichst
ver|pa|cken → packen
die Verpackung
ver|pas|sen, du verpasst
ver|pes|ten
die Luft verpesten
ver|pet|zen, du verpetzt
ver|pfle|gen → pflegen
die Verpflegung

vermieten

Verschwörung

die **Ver|pflich|tung,**
die Verpflichtungen
sich verpflichten
ver|plem|pern,
du verplemperst Zeit
der **Ver|putz**
sich **ver|quat|schen**
ver|ra|ten, du verrätst,
er verriet, sie hat verraten
der Verrat
der Verräter, die Verräterin
verräterisch
sich **ver|rech|nen,**
du verrechnest dich
ver|reg|net
ver|ros|tet
ver|rückt
der **Vers,** die Verse
ver|sa|gen, du versagst
ver|sam|meln → sammeln
sich versammeln
die Versammlung
der **Ver|sand**
versenden
die Versandkosten
ver|säu|men, du versäumst
das Versäumnis
sich **ver|schan|zen,**
du verschanzt dich
sich **ver|schät|zen,**
du verschätzt dich
ver|scheu|chen
→ scheuchen
ver|schie|den
verschiedenartig
die Verschiedenheit
ver|schla|fen → schlafen

sich **ver|schlech|tern,**
der Zustand
verschlechtert sich
ver|schleimt
ver|schlu|cken
→ schlucken
sich verschlucken
der **Ver|schluss,**
die Verschlüsse
ver|schmust
ver|schmutzt
verschmutzen
die Verschmutzung
ver|schnau|fen
→ schnaufen
die Verschnaufpause
ver|schneit
ver|schnupft
ver|schreckt
ver|schrei|ben, der Arzt
verschreibt
sich verschreiben
ver|schwen|den,
du verschwendest
verschwenderisch
die Verschwendung
ver|schwie|gen
die Verschwiegenheit
ver|schwin|den,
du verschwindest,
er verschwand, sie ist
verschwunden
ver|schwitzt
ver|schwom|men
die **Ver|schwö|rung,**
die Verschwörungen
sich verschwören

Versehen

das **Ver|se|hen**
aus Versehen
versehentlich

die **Ver|set|zung,**
die Versetzungen
versetzt werden

ver|seu|chen, der
Fluss ist verseucht

die **Ver|si|che|rung,**
die Versicherungen
versichern

sich **ver|söh|nen,**
du versöhnst dich
die Versöhnung

ver|sor|gen, du versorgst
die Versorgung

sich **ver|spä|ten,**
du verspätest dich
die Verspätung

ver|spielt

ver|spre|chen,
du versprichst,
er versprach, sie hat
versprochen
sich versprechen
das Versprechen

der **Ver|stand**

sich **ver|stän|di|gen,**
du verständigst dich
die Verständigung
verständlich

das **Ver|ständ|nis**
verständnisvoll

die **Ver|stär|kung,**
die Verstärkungen
Verstärkung holen
der Verstärker

ver|staubt
ver|staucht
die Verstauchung

ver|stau|en, du verstaust

das **Ver|steck,** die Verstecke
verstecken
Verstecken spielen
das Versteckspiel

ver|ste|hen, du verstehst,
er verstand, sie hat
verstanden

die **Ver|stei|ne|rung,**
die Versteinerungen

die **Ver|stop|fung,**
die Verstopfungen
verstopfen

der **Ver|such,** die Versuche
versuchen
die Versuchung

ver|tei|di|gen, du verteidigst
sich verteidigen
der Verteidiger
die Verteidigerin
die Verteidigung

ver|tei|len → teilen
die Verteilung

vertrauen

verwundet

der **Ver|trag,** die Verträge
der Vertragsbruch
sich **ver|tra|gen,**
du verträgst dich,
er vertrug sich, sie hat
sich vertragen
verträglich
ver|trau|en, du vertraust
das Vertrauen
vertrauenswürdig
vertraulich
vertraut
ver|träumt
ver|trei|ben → treiben
die Vertreibung
ver|tre|ten, du vertrittst,
er vertrat, sie hat vertreten
der Vertreter, die Vertreterin
die Vertretung
die Vertretungsstunde
ver|trös|ten, du vertröstest
ver|tu|schen, du vertuschst
ver|un|glü|cken,
du verunglückst
ver|ur|sa|chen,
du verursachst
ver|ur|tei|len, du verurteilst
die Verurteilung
ver|wah|ren, du verwahrst
ver|wahr|lost
die Verwahrlosung
ver|waist
ver|wal|ten, du verwaltest
die Verwaltung
die **Ver|wand|lung,**
die Verwandlungen
verwandeln

ver|wandt
der Verwandte,
die Verwandte
die Verwandtschaft
ver|war|nen → warnen
die Verwarnung
ver|wech|seln,
du verwechselst
verwechselbar
die Verwechselung
oder: Verwechslung
ver|wei|gern, du verweigerst
die Verweigerung
der **Ver|weis,** die Verweise
ver|welkt
ver|wen|den, du verwendest,
er verwendete oder:
er verwandte,
sie hat verwendet oder:
sie hat verwandt
verwendbar
die Verwendungs-
möglichkeit
ver|wer|ten, du verwertest
verwertbar
die Verwertung
ver|wirrt
verwirren
verwirrend
das Verwirrspiel
die Verwirrung
ver|wöh|nen, du verwöhnst
verwöhnt
ver|wun|dert
ver|wun|det
verwundbar
die Verwundung

181

Verwüstung

die **Ver|wüs|tung,**
die Verwüstungen
verwüsten
verwüstet
ver|zau|bern → zaubern
verzaubert
das **Ver|zeich|nis,**
die Verzeichnisse
ver|zei|hen, du verzeihst,
er verzieh, sie hat
verziehen
sich **ver|zet|teln,**
du verzettelst dich
ver|zich|ten, du verzichtest
der Verzicht
die **Ver|zie|rung,**
die Verzierungen
verzieren
ver|zö|gern → zögern
die Verzögerungstaktik
ver|zwei|feln,
du verzweifelst
verzweifelt
die Verzweiflung
das **Ve|to,** die Vetos
der **Vet|ter,** die Vettern

verzichten

Vi
das **Vi|deo,** die Videos
der Videoclip
der Videotext
das **Vieh**
die Viehherde
die Viehzucht
viel, mehr, am meisten
vielerlei
das Vielfache
vielfältig
der Vielfraß
vielmals
vielseitig
viel|leicht
vier
die Vier
das Viereck
vierhändig
viermal
das Viertel
um Viertel vor zwölf
das Viertelfinale
die Viertelstunde
vierzehn
vierzig
die **Vi|gnet|te,** die Vignetten
die **Vil|la,** die Villen
vi|o|lett
die **Vi|o|li|ne,** die Violinen
der Violinschlüssel
vir|tu|ell
der **Vi|rus** oder: das Virus,
die Viren
die Virusinfektion
das **Vi|sum,** die Visa
oder: Visen

Vorbild

das **Vi|ta|min,** die Vitamine

Vo
der **Vo|gel,** die Vögel
   die Vogelbeere
   das Vogelhäuschen
   das Vogelschutzgebiet
   die Vogelwarte
die **Vo|ka|bel,** die Vokabeln
   das Vokabelheft
der **Vo|kal,** die Vokale
das **Volk,** die Völker
   die Völkerverständigung
   die Volkshochschule
   die Volksmusik
   voll
   halb voll
   volljährig
   das Vollkornbrot
   die Vollmilch
   der Vollmond
   der Volltreffer
   vollzählig
der **Vol|ley|ball,** die Volleybälle
   Volleyball spielen
   völ|lig
   voll|kom|men
   voll|stän|dig
das **Volt**
   vol|ti|gie|ren, du voltigierst
das **Vo|lu|men,** die Volumen
   oder: die Volumina
   vom (von dem)
   ein Stück vom Kuchen
   von
   von klein auf
   Von wegen!

von|ei|nan|der
voneinander lernen
vor
vor allem
vo|ran
vorankommen
vo|raus
im Voraus
vorausfahren
die Voraussage
die **Vo|raus|set|zung,** die Voraussetzungen
vo|raus|sicht|lich
vor|bei
vorbeibringen
vorbeilassen
vor|be|rei|ten,
du bereitest vor
sich vorbereiten
die Vorbereitung
vor|be|stel|len → bestellen
die Vorbestellung
vor|beu|gen, du beugst vor
die Vorbeugung
das **Vor|bild,** die Vorbilder
vorbildlich

vordere

vor|de|re
die vordere Reihe
der Vordergrund
der Vordermann
das Vorderrad
vor|dräng|geln, du drängelst dich vor
vor|ei|lig
vor|ei|nan|der
sich voreinander fürchten
vor|erst
der **Vor|fahr** oder: Vorfahre, die Vorfahren
die **Vor|fahrt**
die Vorfahrtstraße oder: Vorfahrtsstraße
der **Vor|fall,** die Vorfälle
die **Vor|freu|de**
die **Vor|füh|rung,** die Vorführungen
vorführen
vor|ges|tern
vorgestern Abend
der **Vor|hang,** die Vorhänge
vor|her
vorherberechnen
die Vorhersage
vor|hin
vo|ri|ge
voriges Jahr
vor|kom|men, es kommt vor, es kam vor, es ist vorgekommen
vor|läu|fig
vor|laut
vor|le|sen → lesen
der Vorlesewettbewerb

vor|letz|te
die vorletzte Seite
die **Vor|liebe,** die Vorlieben
vorliebnehmen
der **Vor|mit|tag,** die Vormittage
am Vormittag
gestern Vormittag
vormittags
der Sonntagvormittag
vor|ne oder: vorn
von vorn beginnen
von vornherein
vornüber
der **Vor|na|me,** die Vornamen
vor|nehm
sich vor|neh|men, du nimmst dir vor, er nahm sich vor, sie hat sich vorgenommen
der **Vor|ort,** die Vororte
vor|pre|schen, du preschst vor
der **Vor|rat,** die Vorräte
vorrätig
der Vorratsschrank
die **Vor|run|de,** die Vorrunden
vor|sa|gen → sagen
der **Vor|satz,** die Vorsätze
vorsätzlich
die **Vor|schau**
der **Vor|schlag,** die Vorschläge
vorschlagen
die **Vor|schrift,** die Vorschriften
vorschriftsmäßig
die **Vor|schu|le,** die Vorschulen
das Vorschulalter

Waffel

vor|sich|tig
die Vorsicht
vorsichtshalber
die **Vor|sil|be,** die Vorsilben
die **Vor|spei|se,** die Vorspeisen
der **Vor|sprung,**
die Vorsprünge
die **Vor|stel|lung,**
die Vorstellungen
vorstellbar
sich vorstellen
der **Vor|teil,** die Vorteile
vorteilhaft
der **Vor|trag,** die Vorträge
vortragen
vo|rü|ber
vorübergehen
vorübergehend
das **Vor|ur|teil,** die Vorurteile
vorurteilsfrei
die **Vor|wahl,** die Vorwahlen
die **Vor|war|nung,**
die Vorwarnungen
vor|wärts
vorwärtsgehen
der Vorwärtsgang
vor|wie|gend
das **Vor|wort**
der **Vor|wurf,** die Vorwürfe
vorwerfen
vorwurfsvoll
vor|zei|tig
der **Vor|zug,** die Vorzüge
vorzüglich

Vu
der **Vul|kan,** die Vulkane

Wa
die **Waa|ge,** die Waagen
waagerecht
oder: waagrecht
die Waagschale
wab|be|lig oder: wabblig
die **Wa|be,** die Waben
wach
sich wach halten
die Wache
wachen
wachsam
der Wächter, die Wächterin
der **Wa|chol|der**
die Wacholderbeere
das **Wachs**
die Wachskerze
der Wachsmalstift
wachsweich
wach|sen, du wächst,
er wuchs, sie ist
gewachsen
das Wachstum
wa|ckeln, du wackelst
wackelig oder: wacklig
der Wackelkontakt
der Wackelpudding
die **Wa|de,** die Waden
der Wadenwickel
die **Waf|fe,** die Waffen
der Waffenstillstand
die **Waf|fel,** die Waffeln
das Waffeleisen

wagen

wa|gen, du wagst
waghalsig
das Wagnis
der Wa|gen, die Wagen
der Wagenheber
der Wag|gon, die Waggons
der Wa|gon, die Wagons
wäh|len, du wählst
die Wahl
der Wähler, die Wählerin
wählerisch
das Wahllokal
wahllos
das Wahlrecht
der Wahn|sinn
wahnsinnig
wahr
die Wahrheit
wäh|rend
währenddessen
wahr|neh|men,
du nimmst wahr,
er nahm wahr, sie hat
wahrgenommen
die Wahrnehmung
wahr|sa|gen, du wahrsagst
oder: du sagst wahr
der Wahrsager,
die Wahrsagerin
wahr|schein|lich
die Wahrscheinlichkeit
die Wäh|rung, die Währungen
die Währungsunion
das Wahr|zei|chen,
die Wahrzeichen
die Wai|se, die Waisen
der Wal, die Wale

der Wald, die Wälder
der Waldbrand
der Waldrand
das Waldsterben
wal|ken, du walkst
der Wall, die Wälle
die Wal|nuss, die Walnüsse
das Wal|ross, die Walrosse
die Wal|ze, die Walzen
walzen
sich wäl|zen, du wälzt dich
der Wal|zer
der Wäl|zer, die Wälzer
die Wand, die Wände
die Wandmalerei
der Wandschrank
sich wan|deln,
du wandelst dich
der Wandel
die Wandlung
wan|dern, du wanderst
der Wanderer
oder: Wandrer, die Wanderin
oder: Wandrerin
der Wandertag
die Wanderung
die Wan|ge, die Wangen
wan|ken, du wankst
wann
die Wan|ne, die Wannen
die Wan|ze, die Wanzen
das Wap|pen, die Wappen
das Wappentier
sich wapp|nen,
du wappnest dich
ich war → sein
ich wä|re → sein

wasserdicht

die **Wa|re,** die Waren
das Warenhaus
der Warenkorb
warm, wärmer,
am wärmsten
die Wärme
sich wärmen
die Wärmflasche
warmherzig
war|nen, du warnst
das Warndreieck
das Warnsignal
die Warnung
du **warst** → sein
ihr **wart** → sein
war|ten, du wartest
die Warteliste
die Warteschlange
das Wartezimmer
der **Wär|ter,** die Wärter
die **Wär|te|rin,**
die Wärterinnen
wa|rum
Warum weinst du?

Website

was
Was geschieht?
wa|schen, du wäschst,
er wusch, sie hat
gewaschen
das Waschbecken
die Wäsche
der Waschlappen
die Waschmaschine
die Waschstraße
das **Was|ser**
wasserdicht
der Wasserfall
der Wassergraben
der Wasserhahn
wässerig oder: wässrig
die Wasserleitung
wasserlöslich
wasserscheu
der Wasserspiegel
die Wasserverschmutzung
wa|ten, du watest
wat|scheln, die Ente
watschelt
das **Watt**
das Wattenmeer
die Wattwanderung
die **Wat|te**

Wc
das **WC,** die WCs
das Wasserklosett

We
we|ben, du webst
der Webrahmen
die **Web|site,** die Websites

wechseln

wech|seln, du wechselst
der Wechsel
wechselhaft
we|cken, du weckst
der Wecker
we|deln, der Hund wedelt
we|der
weder ... noch ...
weg
weggehen
weglassen
wegnehmen
wegräumen
wegsehen
wegwerfen
der Weg, die Wege
der Wegweiser
weh
es tut mir weh
wehleidig
die We|he, die Wehen
we|hen, die Flagge weht
sich weh|ren, du wehrst dich
wehrlos
weib|lich
weich
weich gekocht
die Wei|che, die Weichen
wei|chen, du weichst,
er wich, sie ist gewichen
die Wei|de, die Weiden
(Viehweide)
weiden
die Wei|de, die Weiden (Pflanze)
das Weidenkätzchen
sich wei|gern, du weigerst dich
die Weigerung

wei|hen, der Priester weiht
der Weihrauch
das Weihwasser
der Wei|her, die Weiher
das Weih|nach|ten
oder: die Weihnacht
weihnachtlich
der Weihnachtsabend
der Weihnachtsbazar
das Weihnachtsfest
die Weihnachtszeit
weil
die Wei|le
der Wein
die Weinlese
weinrot
die Weintraube
wei|nen, du weinst
weinerlich
wei|se
die Weisheit
der Weisheitszahn
weissagen
wei|sen, du weist, er wies,
sie hat gewiesen
weiß
das Weißbrot
zur Weißglut bringen
weißhaarig
weit
weitab
von Weitem
oder: von weitem
die Weite
weitsichtig
der Weitsprung
weit und breit

Werft

wei|ter	**wen**
ohne Weiteres	Wen triffst du?
oder: ohne weiteres	**wen|den,** du wendest,
weiterhin	er wendete oder: er wandte,
weitersagen	sie hat gewendet
weiterspielen	oder: sie hat gewandt
der **Wei|zen**	die Wende
das Weizenkorn	die Wendeltreppe
das Weizenmehl	der Wendepunkt
wel|che, welcher, welches	wendig
wel|ken, die Rose welkt	**we|nig**
welk	zu wenig
die **Wel|le,** die Wellen	wenigstens
sich wellen	**wenn**
das Wellenbad	Wenn du gehst, …
wellenförmig	ohne Wenn und Aber
der **Wel|len|sit|tich,**	**wer**
die Wellensittiche	Wer liest das?
der **Wel|pe,** die Welpen	**wer|ben,** du wirbst, er warb,
die **Welt,** die Welten	sie hat geworben
das Weltall	das Werbeplakat
weltberühmt	der Werbespot
die Weltkarte	die Werbung
der Weltmeister,	**wer|den,** du wirst, sie wird,
die Weltmeisterin	er wurde, sie ist geworden,
der Weltrekord	ich würde
weltweit	**wer|fen,** du wirfst, er warf,
die Dritte Welt	sie hat geworfen
wem	der Werfer, die Werferin
Wem gehört das?	die **Werft,** die Werften

weitersagen

Werk

das	**Werk,** die Werke
	werken
	die Werkstatt
	der Werktag
	werktags
	das Werkzeug
der	**Wert,** die Werte
	viel wert sein
	wertlos
	die Wertsachen
	die Wertung
	wertvoll
das	**We|sen,** die Wesen
	we|sent|lich
die	**We|ser**
	wes|halb
die	**Wes|pe,** die Wespen
	das Wespennest
	der Wespenstich
	wes|sen
	Wessen Buch ist das?
die	**Wes|te,** die Westen
der	**Wes|ten**
	westlich
	der Westwind
	wes|we|gen
	wet|ten, du wettest
	der Wettbewerb
	die Wette
	der Wettkampf
	das Wettrennen
	der Wettstreit
das	**Wet|ter**
	der Wetterbericht
	wetterfest
	die Wettervorhersage
	wet|zen, du wetzt

Wi

	wich|tig
	wi|ckeln, du wickelst
	der Wickel
der	**Wid|der,** die Widder
	wi|der
	der Widerhaken
	widerspenstig
	widersprechen
	der Widerspruch
	der Widerstand
	widerwillig
	wid|men, du widmest
	die Widmung
	wie
	wie viel
	wie weit
	wie|der
	wiederbekommen
	wiederfinden
	wiederholen
	die Wiederholung
	sich wiedersehen
	das Wiedersehen
	wiederverwertbar
	die Wiederwahl
die	**Wie|ge,** die Wiegen
	das Wiegenlied
	wie|gen, du wiegst, er wog, sie hat gewogen
	wie|hern, das Pferd wiehert
	Wies|ba|den
die	**Wie|se,** die Wiesen
das	**Wie|sel,** die Wiesel
	wie|so
	Wieso lachst du?

wi rbeln

der **Wi|kin|ger,** die Wikinger
die **Wi|kin|ge|rin,**
die Wikingerinnen
wild
das Wild
wildfremd
das Wildkraut
die Wildnis
das Wildtier
der **Wil|le**
will|kom|men
will|kür|lich
die Willkür
wim|meln, es wimmelt
wim|mern, du wimmerst
der **Wim|pel,** die Wimpel
die **Wim|per,** die Wimpern
der **Wind,** die Winde
die Windbö oder: Windböe
windig
die Windkraft
die Windmühle
die Windrichtung
die Windstärke
windstill
die **Win|del,** die Windeln

sich **win|den,** du windest dich,
er wand sich, sie hat
sich gewunden
die **Wind|po|cken**
der **Win|kel,** die Winkel
winkelig oder: winklig
win|ken, du winkst,
er hat gewinkt
der Wink
win|seln, der Hund winselt
der **Win|ter,** die Winter
winterfest
winterlich
der Winterschlaf
der Wintersport
der **Win|zer,** die Winzer
die **Win|ze|rin,** die Winzerinnen
win|zig
wip|pen, du wippst
die Wippe
wir
der **Wir|bel,** die Wirbel
die Wirbelsäule
das Wirbeltier
wir|beln, du wirbelst
der Wirbelsturm

das Wettrennen

wird

er	**wird** → werden
	wir|ken, die Medizin wirkt
	wirksam
	die Wirkung
	wirkungslos
	wirk|lich
	die Wirklichkeit
	wirr
	der Wirrwarr
der	**Wir|sing,** die Wirsings
du	**wirst** → werden
der	**Wirt,** die Wirte
die	**Wir|tin,** die Wirtinnen
die	**Wirt|schaft,** die Wirtschaften
	wi|schen, du wischst
	der Wischlappen
	wis|pern, du wisperst
	wis|sen, du weißt,
	er wusste, sie hat gewusst
	wissbegierig
	das Wissen
	die Wissenschaft
	der Wissenschaftler,
	die Wissenschaftlerin
	wissenswert
	wit|tern, du witterst
die	**Wit|we,** die Witwen
der	**Wit|wer,** die Witwer

der	**Witz,** die Witze
	der Witzbold
	witzig
	witzlos

Wo

wo
wo\|an\|ders
wo\|bei

die	**Wo|che,** die Wochen
	das Wochenende
	wochenlang
	der Wochenmarkt
	der Wochenplan
	der Wochentag
	wochentags
	wöchentlich
	wo|durch
	wo|für
die	**Wo|ge,** die Wogen
	wogen
	wo|her
	wo|hin
sich	**wohl|füh|len,**
	du fühlst dich wohl
	das Wohl
	der Wohlstand
	wohltätig
	wohlwollend
	woh|nen, du wohnst
	wohnlich
	das Wohnmobil
	der Wohnort
	die Wohnung
	das Wohnviertel
	das Wohnzimmer
der	**Wolf,** die Wölfe

Würde

die **Wol|ke,** die Wolken
der Wolkenbruch
der Wolkenkratzer
wolkig
die **Wol|le**
der Wollknäuel
oder: das Wollknäuel
wol|len, du willst, er wollte, sie hat gewollt
wo|mit
die **Won|ne,** die Wonnen
wo|ran
wo|rauf
wo|rin
der **Work|shop,** ⚠️
die Workshops
das **World Wide Web** (WWW) ⚠️
das **Wort,** die Wörter
die Wortart
der Wortbaustein
das Wörterbuch
die Wortfamilie
das Wortfeld
wörtlich
wortlos
der Wortschatz
der Wortstamm
wo|rü|ber
wo|von
wo|vor
wo|zu

Wr

das **Wrack,** die Wracks
wrin|gen, du wringst, er wrang, sie hat gewrungen

Wu

wu|chern, das Unkraut wuchert
der **Wuchs**
die **Wucht**
wuchtig
wüh|len, du wühlst
die Wühlmaus
die **Wun|de,** die Wunden
wund
das **Wun|der,** die Wunder
wunderbar
die Wunderkerze
sich wundern
wunderschön
der **Wunsch,** die Wünsche
sich wünschen
wunschlos
der Wunschzettel
die **Wün|schel|ru|te,** die Wünschelruten
ich **wur|de** → werden
ich **wür|de** → werden
die **Wür|de**
würdevoll
würdigen
die Würdigung

die Wirkung

Wurf

der **Wurf,** die Würfe
der **Wür|fel,** die Würfel
    würfeln
    der Würfelbecher
    das Würfelbrett
    das Würfelspiel
    wür|gen, du würgst
der **Wurm,** die Würmer
die **Wurst,** die Würste
    das Würstchen
    der Würstchenstand
die **Wur|zel,** die Wurzeln
    die Wurzelknolle
    wür|zen, du würzt
    die Würze
    würzig
    wu|sche|lig
    der Wuschelkopf
die **Wüs|te,** die Wüsten
    die Wüstenpflanze
    das Wüstentier
die **Wut**
    der Wutanfall
    wüten
    wütend
    wutentbrannt
    wutschnaubend

x-be|lie|big
x-mal
zum **x-ten** Mal
das **Xy|lo|fon,** die Xylofone
das **Xy|lo|phon,** die Xylophone

die **Yacht,** die Yachten
der **Ye|ti,** die Yetis
das **Yo|ga** oder: der Yoga
die **Yuc|ca,** die Yuccas

Za

die **Za|cke** oder: der Zacken,
    die Zacken
    zackig
zag|haft
zäh
    zähflüssig
    die Zähigkeit
die **Zahl,** die Zahlen
    die Zahlenfolge
    die Zahlenkombination
    zahllos
    zahlreich
    das Zahlwort
    zah|len, du zahlst
    das Zahlungsmittel
    zahlungsunfähig
    zäh|len, du zählst
    zählbar
    der Zähler
    die Zählung
zahm
    zähmen
    die Zähmung

Zeitschrift

der **Zahn,** die Zähne
der Zahnarzt,
die Zahnärztin
der Zahnbelag
zähnefletschend
zähneknirschend
zahnen
die Zahnhygiene
die Zahnschmerzen
die Zahnspange
die **Zan|ge,** die Zangen
sich **zan|ken,** du zankst dich
der Zank
zänkisch
zap|fen, du zapfst
die Zapfsäule
der **Zap|fen,** die Zapfen
das Zäpfchen
zap|peln, du zappelst
zappelig oder: zapplig
zap|pen, du zappst ⚠️
zart
zartbitter
zärtlich
die Zärtlichkeit
zau|bern, du zauberst
der Zauber
die Zauberei
der Zauberer, die Zauberin
zauberhaft
das Zauberkunststück
das **Zaum|zeug,**
die Zaumzeuge
der **Zaun,** die Zäune
der Zaunkönig
der Zaunpfahl
der **Za|zi|ki** oder: das Zaziki

Ze
das **Ze|bra,** die Zebras
der Zebrastreifen
die **Ze|cke,** die Zecken
der **Zeh** oder: die Zehe,
die Zehen
der Zehennagel
zehn
die Zehn
die Zehnerkarte
zehnmal
der Zehneuroschein
der Zehnte
das **Zei|chen,** die Zeichen
die Zeichensetzung
die Zeichensprache
zeich|nen, du zeichnest
der Zeichenblock
der Zeichentrickfilm
zeichnerisch
die Zeichnung
zei|gen, du zeigst
der Zeigefinger
der Zeiger
die **Zei|le,** die Zeilen
die **Zeit,** die Zeiten
eine Zeit lang
oder: eine Zeitlang
von Zeit zu Zeit
das Zeitalter
die Zeitform
zeitig
die Zeitlupe
der Zeitpunkt
die Zeitverschwendung
die **Zeit|schrift,**
die Zeitschriften

195

Zeitung

die **Zei|tung,** die Zeitungen
die Zeitungsannonce
der Zeitungsartikel
die **Zel|le,** die Zellen
das **Zelt,** die Zelte
zelten
das Zeltlager
der **Ze|ment**
zementieren
die **Zen|sur,** die Zensuren
zensieren
der **Zen|ti|me|ter** (cm),
die Zentimeter
das Zentimetermaß
der **Zent|ner,** die Zentner
zentnerschwer
zen|tral
die Zentrale
die Zentralheizung
das **Zen|trum,** die Zentren
der **Zep|pe|lin,** die Zeppeline
zer|brech|lich
die **Ze|re|mo|nie,** die Zeremonien
zer|fled|dert
zer|knirscht
zer|knit|tert
zer|knül|len, du zerknüllst
zer|kratzt
zer|le|gen, du zerlegst
die Zerlegung
zer|rei|ßen → reißen
zer|ren, du zerrst
die Zerrung
zer|stö|ren, du zerstörst
zerstörerisch
die Zerstörung
die Zerstörungswut

zer|streut
die Zerstreuung
zer|strit|ten
ze|tern, du zeterst
der **Zet|tel,** die Zettel
der Zettelkasten
der **Zeu|ge,** die Zeugen
die Zeugenaussage
zeu|gen, ein Kind wird
gezeugt
die Zeugung
die **Zeu|gin,** die Zeuginnen
das **Zeug|nis,** die Zeugnisse
die Zeugnisausgabe

Zi

zi|ckig
im **Zick|zack**
die **Zie|ge,** die Ziegen
der Ziegenbock
der Ziegenkäse
der **Zie|gel,** die Ziegel
der Ziegelstein
zie|hen, du ziehst, er zog,
sie hat gezogen
der Ziehbrunnen
die Ziehharmonika
die Ziehung
das **Ziel,** die Ziele
zielen
die Zielgerade
ziellos
die Zielscheibe
zielsicher
zielstrebig
ziem|lich
sich **zie|ren,** du zierst dich

Zollstock

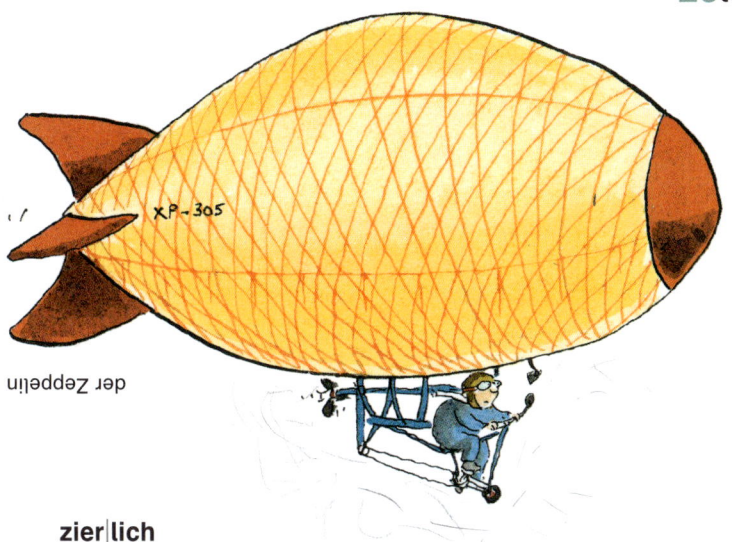

der Zeppelin

zier|lich
die **Zif|fer,** die Ziffern
das **Zifferblatt**
zig
zig Leute
zigmal
die **Zi|ga|ret|te,** die Zigaretten
die **Zi|gar|re,** die Zigarren
das **Zim|mer,** die Zimmer
die Zimmerlautstärke
zim|per|lich
der **Zimt**
die Zimtstange
das **Zink**
das **Zinn**
der **Zins,** die Zinsen
der **Zip|fel,** die Zipfel
zir|ka (ca.)
der **Zir|kel,** die Zirkel
der **Zir|kus,** die Zirkusse
der Zirkusdirektor,
die Zirkusdirektorin
das Zirkuszelt
zir|pen, die Grille zirpt

zi|schen, die Schlange zischt
die **Zis|ter|ne,** die Zisternen
die **Zi|tro|ne,** die Zitronen
der Zitronenfalter
zitronengelb
die **Zi|trus|frucht,** die Zitrusfrüchte
zit|tern, du zitterst
zitterig oder: zittrig
die Zitterpartie
zi|vil
die Zivilisation

Zo

der **Zoff**
Zoff haben
zö|gern, du zögerst
ohne Zögern
zögernd
der **Zoll,** die Zölle
zollfrei
der **Zoll|stock,** die Zollstöcke

197

Zone

- die **Zo|ne**, die Zonen
- der **Zoo**, die Zoos
- **zoo|men**, du zoomst
- der **Zopf**, die Zöpfe
- der **Zorn**
  - der Zornesausbruch
  - zornig
  - **zot|te|lig** oder: zottlig
  - der Zottelbär

- **Zu**
- **zu**
  - zu dritt
  - zu Hause oder: zuhause
  - zu spät
  - zu viel
  - zu wenig
  - **zu|al|ler|erst**
  - **zu|al|ler|letzt**
- das **Zu|be|hör**
  - **zu|be|rei|ten**, du bereitest zu
  - die Zubereitung
- die **Zuc|chi|ni** oder: der Zucchino, die Zucchini
- die **Zucht**
  - züchten
  - die Züchtung
  - **zu|cken**, du zuckst

- der **Zu|cker**
  - das Zuckerfest
  - zuckerkrank
  - das Zuckerrohr
  - die Zuckerrübe
  - zuckersüß
  - die Zuckerwatte
- **zu|ei|nan|der**
- **zu En|de**
- **zu|erst**
- der **Zu|fall**, die Zufälle
  - zufällig
- die **Zu|flucht**
- **zu|frie|den**
- der **Zug**, die Züge
  - die Zugverbindung
- die **Zu|ga|be**, die Zugaben
- der **Zu|gang**, die Zugänge
- die **Zug|brü|cke**, die Zugbrücken
  - **zu|ge|ben**, du gibst zu, er gab zu, sie hat zugegeben
- der **Zü|gel**, die Zügel
- **zu|hau|se** oder: zu Hause
  - das Zuhause
- **zü|gig**
- **zu|hö|ren** → hören
  - der Zuhörer, die Zuhörerin

zurückkommen

zuschauen

die **Zu|kunft**
zukünftig
die Zukunftspläne
zu|las|sen → lassen
zulässig
die Zulassung
zu|letzt
zu guter Letzt
zu|lie|be
dir zuliebe
zum (zu dem)
zum Beispiel (z. B.)
zum Essen kommen
zum Teil (z. T.)
zu|ma|chen, du machst zu
zu|min|dest
zu|mu|ten, du mutest zu
zumutbar
zu|nächst
der **Zu|na|me,** die Zunamen
zün|den, du zündest
zündeln
zündend
das Zündholz
die Zündkerze
die Zündung
zu|neh|men, du nimmst zu,
er nahm zu, sie hat
zugenommen
zunehmend
die **Zu|nei|gung**
die **Zunft,** die Zünfte
die **Zun|ge,** die Zungen
der Zungenbrecher
zu|nich|te
zu|ord|nen → ordnen
die Zuordnung

zup|fen, du zupfst
das Zupfinstrument
zur (zu der)
zur Freundin gehen
sich **zu|recht|fin|den** → finden
zu|rück
zurückkommen
es gibt kein Zurück
die **Zu|sa|ge,** die Zusagen
zu|sam|men
zu|sam|men|ar|bei|ten
→ arbeiten
die Zusammenarbeit
der **Zu|sam|men|bruch,**
die Zusammenbrüche
zu|sam|men|fas|sen, du fasst
zusammen
die Zusammenfassung
der **Zu|sam|men|hang,**
die Zusammenhänge
zusammenhängend
zu|sam|men|schrei|ben
→ schreiben
die Zusammenschreibung
zu|sam|men|set|zen, du setzt
die Teile zusammen
die Zusammensetzung
zu|sam|men|sto|ßen
→ stoßen
der Zusammenstoß
zu|sätz|lich
der Zusatz
die Zusatzzahl
zu|schau|en → schauen
der Zuschauer,
die Zuschauerin
die Zuschauertribüne

Zuschrift

zu|trau|en, du traust zu
das Zutrauen
zutraulich
der Zu|tritt
zu|ver|läs|sig
die Zuverlässigkeit
zu|ver|sicht|lich
zu|vor
zuvorkommen
die Zu|wen|dung,
die Zuwendungen
zu|wider

Zw

die Zu|schrift, die Zuschriften
der Zu|schuss, die Zuschüsse
der Zu|stand, die Zustände
zu|stän|dig
zu|stim|men, du stimmst zu
die Zustimmung
die Zu|tat, die Zutaten
zu|tiefst

der Zwang, die Zwänge
zwanglos
zwan|zig
der Zwanzigeuroschein
zwar
der Zweck, die Zwecke
zwecklos
zweckmäßig

Zypern

zwei
die Zwei
eine Zwei schreiben
das Zweibettzimmer
zweifarbig
zweischneidig
zweiteilig
der **Zwei|fel,** die Zweifel
zweifellos
zweifeln
der **Zweig,** die Zweige
der **Zwerg,** die Zwerge
das Zwergkaninchen
die **Zwet|sche,**
die Zwetschen
die **Zwetsch|ge,**
die Zwetschgen
zwi|cken, du zwickst
die **Zwick|müh|le,**
die Zwickmühlen
der **Zwie|back,** die Zwiebäcke
oder: Zwiebacke

die **Zwie|bel,** die Zwiebeln
der **Zwil|ling,** die Zwillinge
zwin|gen, du zwingst mich, er zwang mich, sie hat mich gezwungen
der Zwinger
zwin|kern, du zwinkerst
zwi|schen
zwischendurch
der Zwischenfall
die Zwischenmahlzeit
zwit|schern, der Vogel zwitschert
zwölf
die Zwölf
zwölfmal

Zy
der **Zy|klus,** die Zyklen
der **Zy|lin|der,** die Zylinder
der Zylinderhut
Zy|pern
zyprisch

zwecklos

Wichtige Rechtschreibtipps

1. Rechtschreibstrategien anwenden

■ Sprich beim Schreiben Laut für Laut leise mit.
die L-a-m-p-e, der A-n-o-r-a-k, die K-a-s-t-a-n-i-e

■ Gliedere lange Wörter in Silben.
die Ro bo ter spra che, die Scho ko la den fa brik,
die Ba na nen scha le

■ Achte auf schwierige Anlaute.
Sp/sp, St/st, Qu,qu
spielen, der Spagat   – sp, Sp
stehen, der Stern   – st, St
quer, die Qual   – qu, Qu

■ B oder P? D oder T? G oder K?
Was spürst du beim deutlichen Sprechen?
der Ball   der Pilot
der Dieb   das Tier
die Girlande   die Kasse

■ Verlängere das Wort, um den Laut besser zu hören.
b oder p, d oder t, g oder k?
du schreibst – schreiben
die Hand – die Hände
mutig – mutiger

■ Leite das Wort von einem verwandten Wort ab.
Ä, ä oder e, E? Äu, äu oder eu, Eu?
die Äste → der Ast   die Mäuse → die Maus
länger → lang   er läuft → laufen

2. Fragen stellen und Wissen nutzen

■ Groß oder klein?
Ist das Wort ein Nomen?
der Mensch, die Pflanze, das Tier
die Kindheit, die Traurigkeit, die Wohnung
Ist das Wort ein Eigenname?
Berlin, Deutschland, Anna, Tarek
Beginnt ein neuer Satz?
Das Kind lacht. Es freut sich.
Nomen, Eigennamen und Satzanfänge werden großgeschrieben.

■ Ein oder zwei Konsonanten?
Hörst du einen langen oder einen kurzen betonten Vokal?
die Hüte oder die Hütte   der Ofen oder offen
die Miete oder die Mitte   das Kabel oder der Kasten
Nach einem kurzen betonten Vokal folgen meist zwei Konsonanten.

■ Verwandte Wörter?
Kennst du ein Wort mit dem gleichen Wortstamm?
beliebt → lieben
die Fahrt, die Fuhre → fahren, er fuhr
der Ritt → reiten, ich bin geritten
Wörter einer Wortfamilie haben den gleichen Wortstamm. Der Vokal kann sich aber verändern.

■ Wie ist das Wort zusammengesetzt?
Aus welchen Wörtern und Wortbausteinen besteht das Wort?
Schiff fahrt   See elefant
ab brechen   aus suchen
Nacht tisch   Vor rat
Bei zusammengesetzten Wörtern können zwei gleiche Buchstaben zusammentreffen.

3. Arbeitstechniken anwenden

■ **Abschreiben**

Lies den Text und versuche den Sinn zu verstehen.
Hast du dir ein Wort, einen Satzteil oder einen ganzen Satz eingeprägt?
Hast du dir die schwierigen Stellen gemerkt?
Schreibe auf und sprich beim Schreiben leise mit.

■ **Kontrollieren**

Lies den Text langsam von vorne nach hinten durch.
Fehlt kein Wort?
Fehlt kein Satzzeichen?
Ist jeder Satz sinnvoll?

Decke den Text ab und lies den Text von hinten
nach vorne. Kontrolliere nur das Wort, das du aufdeckst.
Fehlt kein Buchstabe?
Stehen die Buchstaben in der richtigen Reihenfolge?

Kennzeichne die Wörter, bei denen du nicht sicher bist.
Suche nach einer Rechtschreibstrategie.
Kann ich das Wort verlängern?
Kann ich das Wort aus einer Wortfamilie ableiten?
Kenne ich eine Regel?

Schlage im Wörterbuch nach, wenn du unsicher bist.

■ **Fehler verbessern**

Ergänze ausgelassene Buchstaben.	Mein Ka**r**tcikasten steht auf **dem** Schrank.
Ergänze fehlende Wörter.	
Streiche falsch geschriebene Wörter durch und schreibe sie richtig darüber.	Ich habe ihn ~~fergessen~~ **vergessen**.
Ergänze fehlende Satzzeichen.	Ich muss ihn mir holen**.** Er ...

3. Merken – Übungsformen nutzen

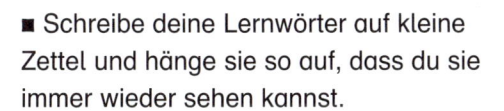

- Schreibe deine Lernwörter auf kleine Zettel und hänge sie so auf, dass du sie immer wieder sehen kannst.

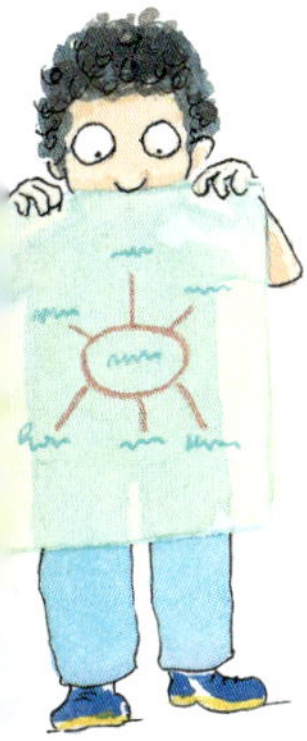

- Stelle zu deinem Wort eine Wortfamilie zusammen und schreibe sie auf ein Plakat. Hänge es gut sichtbar auf.

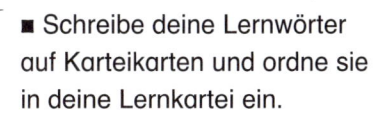

- Schreibe deine Lernwörter auf Karteikarten und ordne sie in deine Lernkartei ein.

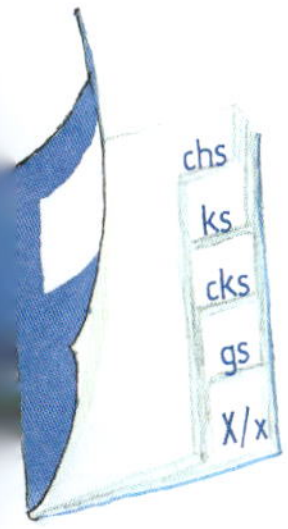

- Sammle Wörter mit schwierigen Lauten und Buchstabenverbindungen in einem Merkheft.

- Erfinde Reime und Merkverse.
  Den **Tiger** sprich mit langem **i**,
  jedoch mit **ie** schreib ihn nie.

Kleine Lernwörter

ab	kam, er kam
abends	kommt, sie kommt
abseits	links
alle	man
als	mehr
anders	meistens
auf einmal	mir
aus	mit
außerdem	morgens
bald	nämlich
bin, ich bin	nichts
bis jetzt	ohne
dann	plötzlich
denn	rechts
derselbe	sehr
deshalb	sind, sie sind
dieses	sonst
dir	spät
draußen	stets
ein bisschen	trotzdem
endlich	ungefähr
fertig	viel
fort	vielleicht
ganz	voll
gar nicht	von
gestern früh	vor
hat, sie hat	während
hatte, er hatte	war, sie war
hier	wie viel
hoffentlich	wieder
holt, sie holt	wir
ihm	ziemlich
ihn	zu Ende
ihr	zuletzt
jetzt	zuvor

Lernwörter mit schwierigen Lauten

Wörter mit **V/v** statt F/f:
der Vogel, der Vers, der Vater, verlieren, verliebt, viel,
vielleicht, vier

Wörter mit **V/v** statt W/w:
die Vase, der Vampir, die Villa, der Vulkan,
die Olive, das Klavier, violett, privat

Wörter mit **ai:**
der Kaiser, der Hai, der Mai, die Saite (z. B. Gitarrensaite)

Wörter mit **chs:**
die Achse, die Büchse, der Dachs, der Ochse, sechs,
wachsen, wechseln

Wörter mit langem **I/i** statt ie:
wir, dir, der Tiger, der Biber,
der Igel, die Primel, das Kino

Wörter mir **doppeltem Vokal:**
der Aal, der Saal, das Haar,
der See, die Beere, leer,
das Boot, das Moos, der Zoo

Wörter mit **Dehnungs-h:**
der Lohn, der Lehrer, die Uhr,
fehlen, fahren, stöhnen, hohl,
ihm

Schwierige Verbformen

Manche Wörter verändern sich nur wenig oder schwach. Man nennt sie regelmäßige Verben. Manche verändern sich stark. Das sind unregelmäßige Verben. Bevor du ein unregelmäßiges Verb im Wörterbuch suchst, musst du erst seine Grundform herausfinden.

Schau dir die Bilder auf den nächsten Seiten einmal genau an. Errätst du, welche Verben gemeint sind? Die Auflösung findest du am Ende der Liste!

B

Grundform	Gegenwart	1. Vergangenheit	2. Vergangenheit
befehlen	du befiehlst	er befahl	sie hat befohlen
beginnen	du beginnst	er begann	sie hat begonnen
beißen	du beißt	er biss	sie hat gebissen
betrügen	du betrügst	er betrog	sie hat betrogen
biegen	du biegst	er bog	sie hat gebogen
bieten	du bietest	er bot	sie hat geboten
binden	du bindest	er band	sie hat gebunden
bitten	du bittest	er bat	sie hat gebeten
blasen	du bläst	er blies	sie hat geblasen
bleiben	du bleibst	er blieb	sie ist geblieben

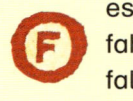

braten	du brätst	er briet	sie hat gebraten
brechen	du brichst	er brach	sie hat gebrochen
brennen	es brennst	es brannte	es hat gebrannt
bringen	du bringst	er brachte	sie hat gebracht
denken	du denkst	er dachte	sie hat gedacht
dürfen	du darfst, er darf	er durfte	sie hat gedurft
empfangen	du empfängst	er empfing	sie hat empfangen
empfehlen	du empfiehlst	er empfahl	sie hat empfohlen
empfinden	du empfindest	er empfand	sie hat empfunden
erschrecken	du erschreckst ihn oder: du erschrickst	er erschreckte ihn oder: er erschrak	sie hat ihn erschreckt oder: sie ist erschrocken
essen	du isst	er aß	sie hat gegessen
fahren	du fährst	er fuhr	sie ist gefahren
fallen	du fällst	er fiel	sie ist gefallen
fangen	du fängst	er fing	sie hat gefangen
fechten	du fichtst	er focht	sie hat gefochten
finden	du findest	er fand	sie hat gefunden
fliegen	du fliegst	er flog	sie ist geflogen
fliehen	du fliehst	er floh	sie ist geflohen
fließen	es fließt	es floss	es ist geflossen
fressen	er frisst	er fraß	er hat gefressen
frieren	du frierst	er fror	sie hat gefroren
geben	du gibst	er gab	sie hat gegeben

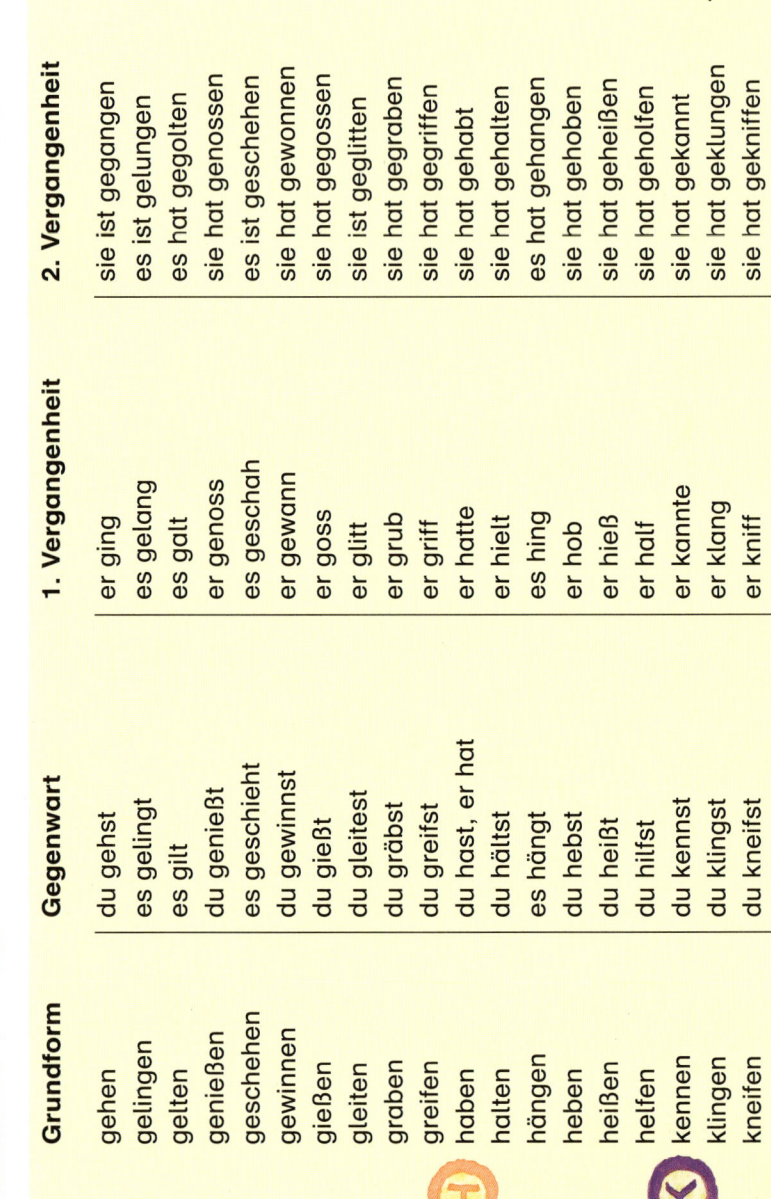

Grundform	Gegenwart	1. Vergangenheit	2. Vergangenheit
gehen	du gehst	er ging	sie ist gegangen
gelingen	es gelingt	es gelang	es ist gelungen
gelten	es gilt	es galt	es hat gegolten
genießen	du genießt	er genoss	sie hat genossen
geschehen	es geschieht	es geschah	es ist geschehen
gewinnen	du gewinnst	er gewann	sie hat gewonnen
gießen	du gießt	er goss	sie hat gegossen
gleiten	du gleitest	er glitt	sie ist geglitten
graben	du gräbst	er grub	sie hat gegraben
greifen	du greifst	er griff	sie hat gegriffen
haben	du hast, er hat	er hatte	sie hat gehabt
halten	du hältst	er hielt	sie hat gehalten
hängen	es hängt	es hing	es hat gehangen
heben	du hebst	er hob	sie hat gehoben
heißen	du heißt	er hieß	sie hat geheißen
helfen	du hilfst	er half	sie hat geholfen
kennen	du kennst	er kannte	sie hat gekannt
klingen	du klingst	er klang	sie hat geklungen
kneifen	du kneifst	er kniff	sie hat gekniffen
kommen	du kommst	er kam	sie ist gekommen
können	du kannst, er kann	er konnte	sie hat gekonnt
kriechen	du kriechst	er kroch	sie ist gekrochen

L

laden	du lädst	er lud	sie hat geladen
lassen	du lässt	er ließ	sie hat gelassen
laufen	du läufst	er lief	sie ist gelaufen
leiden	du leidest	er litt	sie hat gelitten
leihen	du leihst	er lieh	sie hat geliehen
lesen	du liest	er las	sie hat gelesen
liegen	du liegst	er lag	sie hat gelegen
lügen	du lügst	er log	sie hat gelogen
melken	du melkst	er molk	sie hat gemolken
		er melkte	oder: sie hat gemelkt

M

messen	du misst	er maß	sie hat gemessen
mögen	du magst, er mag	er mochte	sie hat gemocht
müssen	du musst, er muss	er musste	sie hat gemusst
nehmen	du nimmst	er nahm	sie hat genommen
nennen	du nennst	er nannte	sie hat genannt
pfeifen	du pfeifst	er pfiff	sie hat gepfiffen
raten	du rätst	er riet	sie hat geraten
reiben	du reibst	er rieb	sie hat gerieben
reißen	du reißt	er riss	sie hat gerissen
			oder: es ist gerissen
reiten	du reitest	er ritt	sie ist geritten
			oder: sie hat geritten
rennen	du rennst	er rannte	sie ist gerannt

N P R

Grundform	Gegenwart	1. Vergangenheit	2. Vergangenheit
riechen	du riechst	er roch	sie hat gerochen
ringen	du ringst	er rang	sie hat gerungen
rufen	du rufst	er rief	sie hat gerufen
saugen	du saugst	er saugte oder: er sog	sie hat gesaugt oder: sie hat gesogen
scheinen	sie scheint	sie schien	sie hat geschienen
schieben	du schiebst	er schob	sie hat geschoben
schießen	du schießt	er schoss	sie hat geschossen
schlafen	du schläfst	er schlief	sie hat geschlafen
schlagen	du schlägst	er schlug	sie hat geschlagen
schleichen	du schleichst	er schlich	sie ist geschlichen
schleifen	du schleifst	er schliff	sie hat geschliffen
schließen	du schließt	er schloss	sie hat geschlossen
schlingen	du schlingst	er schlang	sie hat geschlungen
schmelzen	es schmilzt	es schmolz	es ist geschmolzen
schneiden	du schneidest	er schnitt	sie hat geschnitten
schreiben	du schreibst	er schrieb	sie hat geschrieben
schreien	du schreist	er schrie	sie hat geschrien
schweigen	du schweigst	er schwieg	sie hat geschwiegen
schwellen	er schwillt	er schwoll	er ist geschwollen
schwimmen	du schwimmst	er schwamm	sie ist geschwommen
schwören	du schwörst	er schwor	sie hat geschworen

sehen	du siehst	er sah	sie hat gesehen
sein	du bist, er ist	er war	sie ist gewesen
senden	du sendest	er sandte oder: er sendete	sie hat gesandt oder: sie hat gesendet
singen	du singst	er sang	sie hat gesungen
sinken	es sinkt	es sank	es ist gesunken
sitzen	du sitzt	er saß	sie hat gesessen
sollen	du sollst	er sollte	sie hat gesollt
sprechen	du sprichst	er sprach	sie hat gesprochen
sprießen	es sprießt	es spross	es ist gesprossen
springen	du springst	er sprang	sie ist gesprungen
stechen	du stichst	er stach	sie hat gestochen
stehen	du stehst	er stand	sie hat gestanden
stehlen	du stiehlst	er stahl	sie hat gestohlen
steigen	du steigst	er stieg	sie ist gestiegen
sterben	du stirbst	er starb	sie ist gestorben
stinken	es stinkt	es stank	es hat gestunken
stoßen	du stößt	er stieß	sie hat gestoßen
streichen	du streichst	er strich	sie hat gestrichen
streiten	du streitest	er stritt	sie hat gestritten
tragen	du trägst	er trug	sie hat getragen
treffen	du triffst	er traf	sie hat getroffen
treiben	du treibst	er trieb	sie hat getrieben

Grundform	Gegenwart	1. Vergangenheit	2. Vergangenheit
treten	du trittst	er trat	sie hat getreten
trinken	du trinkst	er trank	sie hat getrunken
tun	du tust	er tat	sie hat getan
vergessen	du vergisst	er vergaß	sie hat vergessen
vergleichen	du vergleichst	er verglich	sie hat verglichen
verlieren	du verlierst	er verlor	sie hat verloren
verschwinden	du verschwindest	er verschwand	sie ist verschwunden
verzeihen	du verzeihst	er verzieh	sie hat verziehen
wachsen	du wächst	er wuchs	sie ist gewachsen
waschen	du wäschst	er wusch	sie hat gewaschen
weichen	du weichst	er wich	sie ist gewichen
wenden	du wendest	er wandte oder: er wendete	sie hat gewandt oder: sie hat gewendet
werden	du wirst, er wird	er wurde	sie ist geworden
werfen	du wirfst	er warf	sie hat geworfen
wiegen	du wiegst	er wog	sie hat gewogen
wissen	du weißt	er wusste	sie hat gewusst
wollen	du willst, er will	er wollte	sie hat gewollt
ziehen	du ziehst	er zog	sie hat gezogen
zwingen	du zwingst	er zwang	sie hat gezwungen

Auflösung: beißen, biegen, braten, erschrecken, fliehen, gießen, kriechen, leiden, melken, saugen, schneiden, sinken, streichen, verschwinden, waschen

Wortfamilien

denken, du denkst, er dachte, sie hat gedacht

der Denker, die Denkerin, der Denkanstoß,
die Denkaufgabe, der Denkfehler, das Denkmal,
die Denksportaufgabe, die Bedenken, der Denkzettel,
der Gedenktag, der Gedanke, das Gedächtnis

denken, bedenken, gedenken, überdenken, vordenken

denkfaul, denkbar, denkwürdig, gedankenlos,
gedanklich, bedacht

fahren, du fährst, er fuhr, sie ist gefahren

der Fahrer, die Fahrerin, das Fahrzeug,
die Fahrbahn, das Fahrrad, der Fahrplan,
der Fahrpreis, der Fahrschein, die Fahrspur,
der Fahrstuhl, der Auffahrunfall, die Fahrt, die Zugfahrt,
der Fahrtwind, die Rückfahrt, die Vorfahrt, die Einfahrt, die Ausfahrt,
die Urlaubsfahrt, die Nachtfahrt, die Vorfahren, die Fuhre,
die Müllabfuhr, die Fähre, das Gefährt, das Fährschiff, die Fährte

fahren, einfahren, vorfahren, ausfahren, abfahren, nachfahren,
überfahren, verfahren

erfahren, fahrlässig, fahrtüchtig, fahrig, fahrplanmäßig, fahrtauglich

fallen, du fällst, er fiel, sie ist gefallen

der Fall, die Falle, der Abfall, der Einfall, der Glücksfall, der Überfall, der Vorfall, der Durchfall,
der Fallschirm, das Verfallsdatum, der Zerfall,
die Mausefalle, das Gefälle, der Holzfäller

fallen, einfallen, überfallen, vorfallen, verfallen,
zerfallen, fällen

abfällig, auffallend, fällig, überfällig, gefällig

gehen, du gehst, er ging, sie ist gegangen

der Geher, die Geherin, der Gehgips, die Gehhilfe, der Gehsteig, die Gehsteigkante, der Gehweg, der Gang, der Übergang, der Vorgang, der Fußgänger, die Fußgängerin, der Vorgänger, die Vorgängerin, der Weitergang, der Rückgang

gehen, vorgehen, hingehen, übergehen, umgehen, untergehen

gangbar, ungangbar, begehbar, vorübergehend, gängig

graben, du gräbst, er grub, sie hat gegraben

das Grab, der Graben, der Straßengraben, die Grabung, die Grabkammer, die Grabräuber, der Grabstein, die Grube, das Grübchen, der Grubenaushub, die Grubenlampe, die Grübelei, der Grübler, die Grüblerin

graben, ausgraben, eingraben, vergraben, grübeln

grüblerisch

kaufen, du kaufst, er kaufte, sie hat gekauft

der Kauf, der Käufer, die Käuferin, der Verkauf, der Verkäufer, die Verkäuferin, der Ausverkauf, der Ankauf, der Autokauf, der Einkauf, der Ratenkauf, der Kaufmann, die Kauffrau, die Kaufleute, das Kaufhaus, der Kaufpreis, die Kaufsumme, der Kaufvertrag, der Kaufhausdetektiv, die Kaufhausdetektivin, die Einkaufstasche

kaufen, einkaufen, abkaufen, ankaufen, erkaufen, verkaufen

kaufkräftig, kauflustig, käuflich, erkauft, ausverkauft, unverkäuflich

klingen, du klingst, er klang, sie hat geklungen

der Klang, der Klangstab, die Klangschale,
der Klangteppich, die Klingel, der Klingelknopf,
die Fahrradklingel, der Klingelton,
das Klingelzeichen

klingen, ausklingen, erklingen, verklingen, klingeln

klingend, klanglich, klanglos, klangvoll, verklungen

lieben, du liebst, er liebte, sie hat geliebt

die Liebe, der Liebesbrief, der Liebesbeweis,
das Liebesgedicht, die Verliebten, die Vorliebe,
die Lieblingsbeschäftigung, das Lieblingsbuch,
der Liebling, das Lieblingsessen, das Lieblingstier

lieben, liebäugeln, liebbehalten, verlieben

lieb, liebevoll, lieblich, lieblos, liebenswert, liebenswürdig,
verliebt, unbeliebt

rauben, du raubst, er raubte, sie hat geraubt

der Raub, der Raubfisch, die Raubkatze, das Raubtier,
der Raubritter, der Raubüberfall, der Raubvogel,
der Räuber, die Räuberin, die Räuberbande, der Bankraub,
die Bankräuber, die Räuberei, die Räuberhöhle

rauben, ausrauben, räubern

räuberisch, raubgierig

spielen, du spielst, er spielte, sie hat gespielt

das Spiel, der Spieler, die Spielerin, die Spielart, die Spielerei,
das Spielfeld, der Spielfilm, der Spielgefährte, der Spielplan,
der Spielplatz, der Spielraum, die Spielregel, der Spielstein,
die Spieluhr, das Spielverbot, das Spielwarengeschäft, die Spielzeit,
das Spielzeug, das Beispiel, das Brettspiel, das Freispiel,
das Fußballspiel, das Heimspiel, das Nachspiel

spielen, anspielen, erspielen, nachspielen, überspielen, verspielen,
vorspielen, zurückspielen

beispiellos, bespielbar, spielbar, spielerisch,
spielend, spielfrei, verspielt

sprechen, du sprichst, er sprach, sie hat gesprochen

die Sprache, der Sprecher, die Sprecherin, die Sprechblase,
die Sprechstunde, der Sprechtag, die Sprechzeit,
das Versprechen, der Versprecher, die Fremdsprache,
die Muttersprache, die Zweitsprache, die Aussprache,
der Sprachfehler, die Sprachlehre, der Sprachlehrer,
die Sprachlehrerin, der Sprachunterricht, das Sprichwort,
der Spruch, der Richterspruch, der Widerspruch

sprechen, ansprechen, aussprechen,
nachsprechen, versprechen, vorsprechen

sprachlich, sprachbegabt, sprachgewandt,
sprachlos, aussprechbar, unaussprechbar,
unaussprechlich, sprichwörtlich, versprochen,
widersprüchlich

träumen, du träumst, er träumte,
sie hat geträumt

der Träumer, die Träumerin, die Träumerei,
der Traum, der Traumjob, das Traumhaus,
der Traumstrand, der Traumtänzer, der Albtraum,
der Tagtraum, der Wunschtraum

träumen, sich erträumen, traumwandeln

träumerisch, traumhaft, traumversunken, traumverloren,
traumwandlerisch, verträumt

trinken, du trinkst, er trank, sie hat getrunken

der Trinker, die Trinkerin, der Trinkbecher,
das Trinkgefäß, das Trinkgeld, das Trinkglas,
das Trinkwasser, die Trinkwasseraufbereitung,
die Trinkwasserversorgung, das Getränk,
die Getränkekiste, der Trunk, der Zaubertrunk

trinken, austrinken, ertrinken, ertränken

trinkbar, untrinkbar, betrunken

trennen, du trennst, sie trennte, er hat getrennt

die Trennung, die Trennbarkeit, die Trennkost,
die Trennlinie, die Trennscheibe, der Trennstrich,
die Trennwand, der Trennungsschmerz,
die Abtrennung, die Mülltrennung

trennen, sich trennen, abtrennen,
auftrennen

trennbar, abtrennbar, getrennt, untrennbar,
trennscharf, unzertrennlich

Wortfelder – Sag es treffender!

Angst haben oder den Atem anhalten, Bammel haben, bangen, beben, bibbern, entsetzt sein, erschauern, erschrecken, sich fürchten, eine Gänsehaut bekommen, sich gruseln, Lampenfieber haben, den Mut verlieren, in Panik geraten, schaudern, schlottern, sich Sorgen machen, zittern

blöd oder begriffsstutzig, dämlich, doof, dumm, dümmlich, dusselig, einfältig, schwer von Begriff, töricht, unbegabt, unerfahren

dann oder im Anschluss daran, im nächsten Augenblick, da, danach, darauf, daraufhin, hinterher, einige Minuten später, nachdem, schließlich, später, nach einiger Zeit

denken oder brüten, sich fragen, grübeln, knobeln, sich den Kopf zerbrechen, nachdenken, rätseln, überlegen

dunkel oder dämmerig, düster, finster, schummerig, schwarz, stockfinster, trübe

essen oder sich ernähren, übers Essen herfallen, futtern, den Hunger stillen, knabbern, kosten, löffeln, Nahrung zu sich nehmen, naschen, schlemmen, schlingen, schnabulieren, speisen, sich stärken, tafeln, verdrücken, vertilgen, verzehren

fahren oder düsen, sich fortbewegen, kutschieren, lenken, radeln, rasen, reisen, rollen, sausen, schleichen

fliegen oder flattern, gleiten, durch die Luft schießen, schweben, schwingen, schwirren, segeln

sich freuen oder begeistert sein, beglückt sein, froh sein, fröhlich sein, genießen, glücklich sein, grinsen, aus dem Häuschen sein, jauchzen, jubeln, kichern, lächeln, guter Laune sein, schmunzeln

früher oder damals, ehemalig, einst, vor vielen Jahren, vorher, vor langer Zeit

geben oder aushändigen, bringen, darreichen, erteilen, in die Hand drücken, reichen, schenken, spenden, spendieren, überbringen, überlassen, überreichen, verleihen, vermachen, zustellen

gehen oder bummeln, eilen, flanieren, flitzen, fortbewegen, hasten, humpeln, huschen, laufen, marschieren, rasen, rennen, sausen, schleichen, schlendern, schlurfen, schreiten, spazieren, spurten, staksen, stapfen, stelzen, trippeln, trödeln, wandern

Haus oder Anwesen, Bau, Bauwerk, Bude, Bungalow, Burg, Einfamilienhaus, Gebäude, Heim, Hochhaus, Hotel, Hütte, Miethaus, Palast, Schloss, Villa, Wohnhaus, Wohnsitz, Wolkenkratzer

immer oder dauernd, ohne Ende, ewig, in einem fort, fortwährend, generell, immerzu, jederzeit, jedes Mal, regelmäßig, ständig, stets, unaufhörlich

jetzt oder im Augenblick, augenblicklich, derzeit, eben, gerade, gleich, im Moment, momentan, nun, soeben, sofort, auf der Stelle, zur Stunde, zurzeit

Kind oder Baby, Junge, junger Mensch, Kid, Kleinkind, Krabbelkind, Mädchen, Nachwuchs, Neugeborenes, Säugling, Schüler, Schülerin

klein	oder	gering, klitzeklein, knapp, kümmerlich, kurz, mickrig, mini, minimal, schmal, unbedeutend, wenig, winzig, zierlich
lachen	oder	gackern, grinsen, jauchzen, kichern, lächeln, losbrüllen, losprusten, sich schieflachen, schmunzeln, strahlen, Tränen lachen, wiehern
machen	oder	anfertigen, arbeiten, ausführen, basteln, entwerfen, erledigen, erzeugen, fabrizieren, fertigstellen, handeln, herstellen, tun, unternehmen, verrichten, vollführen, zubereiten
mutig	oder	beherzt, draufgängerisch, entschlossen, furchtlos, heldenhaft, keck, kühn, risikofreudig, selbstbewusst tapfer, todesmutig, tollkühn, unerschrocken, verwegen, wagemutig, waghalsig
oft	oder	häufig, immer wieder, mehrfach, mehrmals, meist, meistens, öfter, oftmals, vielfach, wiederholt
plötzlich	oder	abrupt, auf einmal, Hals über Kopf, aus heiterem Himmel, mit einem Mal, schlagartig, schnell, überraschend, unerwartet, unvermutet, unvorhergesehen
sagen	oder	ankündigen, antworten, ausrichten, behaupten, benachrichtigen, berichten, beschreiben, beteuern, brüllen, brummeln, durchsagen, einwenden, entgegnen, erklären, erwähnen, erzählen, flehen, flüstern, fragen, informieren, klagen, meinen, mitteilen, murmeln, plappern, plaudern, reden, rufen, schildern, schreien, schwätzen, sprechen, stammel stottern, tuscheln, übermitteln, sich unterhalten, verkünden, vorschlagen, vortragen, wispern

schmutzig	oder	dreckig, fettig, fleckig, ölig, schmierig, schmuddelig, staubig, ungepflegt, ungewaschen, unsauber, verdreckt, verschmutzt, verunreinigt
schnell	oder	blitzartig, blitzschnell, eilig, fix, flink, flott, flugs, geschwind, hastig, pfeilschnell, rasant, rasch, schnittig, spritzig
schön	oder	bildschön, blendend, entzückend, gut aussehend, herrlich, hinreißend, hübsch, lieblich, niedlich, prächtig, reizend, traumhaft, wunderbar, wunderschön, wundervoll, zauberhaft
sehen	oder	ansehen, äugen, bemerken, beobachten, betrachten, blinzeln, entdecken, erblicken, erkennen, erspähen, gaffen, gucken, mustern, schauen, sichten, starren, wahrnehmen
streiten	oder	aneinandergeraten, sich anfeinden, sich anlegen, sich auseinandersetzen, sich bekämpfen, sich in den Haaren liegen, sich kabbeln, sich verkrachen, sich zanken
weinen	oder	sich ausheulen, heulen, jammern, klagen, plärren, quengeln, schluchzen, sich in Tränen auflösen, Tränen vergießen, wimmern
wunderbar	oder	entzückend, fabelhaft, fantastisch, fein, herrlich, himmlisch, klasse, perfekt, prachtvoll, schön, toll, überwältigend, vortrefflich, wundervoll
Zeit	oder	Ära, Augenblick, Datum, Dauer, Ewigkeit, Frist, Gegenwart, Jahreszeit, Moment, Tageszeit, Uhrzeit, Vergangenheit, Zukunft

The body

shoulder
arm
elbow
hand
finger
hair
mouth
tooth
heel
tummy
toe
knee
leg
foot

to wash

to comb one's hair

Point to your arm!
Where is your knee?

to take a bath

224

Der Körper

bottom
nose
eye
ear
neck
chest
back
head
tongue

I have got two ears.

to brush one's teeth

to take a shower

Clothes

Where is the woman with the yellow hat?

gloves
crown
pocket
jeans
belt
hat
shirt
skirt
stocking
socks
boots
trainers
T-shirt
pyjamas
scarf
sandals

226

Die Kleidung

- cap
- dress
- jacket
- sweatshirt
- mirror
- trousers
- bathrobe
- vest
- shorts
- shoes
- jumper
- coat
- button
- rubber boots

Who is wearing a green jacket?

The family

grandfather

grandmother

father

uncle

aunt

cousin

Tom

cousin

What's your name?
My name is Tom.

Have you got a sister?

butcher

factory worker

secretary

doctor

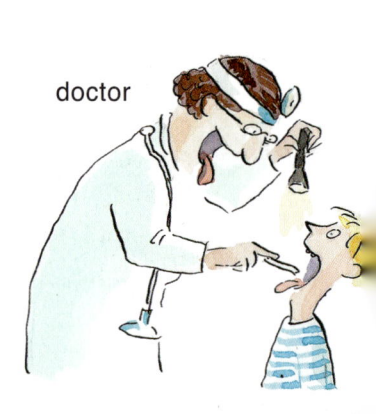

Die Familie

grandpa
grandparents
grandma
uncle
aunt
mother
sister
cousin

Mum and Dad are my parents.

baby
brother
child
daughter
parents
son

cook

baker

gardener

hairdresser

229

At home

chimney

roof

wardrobe

pictures

bed

The cat is on the bed.

children's room

armchair

chair

lamp

cupboard

kitchen

door

dishwasher

wallpaper

sink

steps

cellar

Zu Hause

attic

house

bedroom

guest room

window

Where is the green sofa?

living room

shelves

cage

sofa

TV

table

balcony

carpet

bathroom

shower

garage

tap

washbasin

bath

toilet

washing machine

At school

playground

goal

skipping rope

football

classroom

BIRTHDAYS
Maggie
Tom

Have you got a rubber?
Yes, I have.
No, I haven't.

pencil case

exercise book

rubber

schoolbag

pencil sharpener

232

pencil

In der Schule

clock

blackboard

$8 \times 12 = 96$
$8 \times 10 = 80$
$8 \times 2 = 16$

Give me your book, please.
Here you are.
Thank you.

teacher

sponge

chalk

computer

screen

monitor

wastepaper basket

book

keyboard

pen

pupil

folder

desk

In town

aeroplane
ship
traffic jam
bridge
river
building
MUSEUM
Where is the cinema?
cinema
ambulance
lorry
Restaurant
accide[nt]
street
LIBRARY
bicycle
park
pond
playground
bench
sandpit
swing
see-saw

In der Stadt

skyscraper
factory
station
train
car
church
fire engine
POLICE
BANK
SHOP
THEATRE
TOWNHALL
postbox
market

Go straight on!
Turn left!
Turn right!

Food and drink

blackcurrants

orange grapefruit

plum

pear

lemon

cherries

apricot

apple

strawberry

banana

juice

picnic

yoghurt

grap[es]

glass

Can you pass the butter, please?

mineral water

pot

pasta

chocolate

pan

dish

cake

oven

stove

236

Essen und Trinken

bottles
fridge
MILK
tea
drinking chocolate
butter
HONEY
Jam
muffin

ketchup
rolls
spoon
bread
ice cream
melon
cheese
fork
egg
cup
knife
pizza
carrot
blanket

I love fresh milk.
I don't like hot tea.

What do you like to drink?

potato
pepper
salt
onion
beans
peas
bowl
tomatoes
cucumber

237

Animals

The giraffe has got a long neck.

hamster
rabbit
dog
giraffe
gorilla
zebra
horse
budgie
lion
kangaroo
parrot
pig
crocodile
hippopotamus

238

Tiere

geese

hen

cock

mouse

camel

elephant

What's your favourite animal?

cow

monkey

rhinoceros

tiger

cat

bear

snake

penguin

guinea pig

fish

239

Le corps

l'épaule
le bras
le coude
la main
le doigt
les cheveux
la bou[che]
la dent
le talon
l'orteil
le ventre
le genou
la jambe
le pied

se laver

se peigner

Montre ton bras!
Où est ton genou?

prendre un bain

Der Körper

le derrière
le nez

l'œil
l'oreille

J'ai deux oreilles.

le cou
la poitrine
le dos
la tête

la langue

se brosser les dents

prendre une douche

Les vêtements

Où est la femme avec le chapeau jaune?

les gants
la couronne
la poche
la ceinture
le jean
le chapeau
la chemise
la jupe
les baskets
les bottes
le tee-shirt
le pyjama
les chaussettes
l'écharpe
les san

Die Kleidung

casquette

la robe

la veste

le tee-shirt à manches longues

le miroir

ntalon

le peignoir

le maillot de corps

le short

les chaussures

le manteau

le pull

le bouton

Qui porte une veste verte?

les bottes

243

La famille

le grand-père
la grand-mère
le pè[re]
l'oncle
la tante
le cousin
Nicolas

Comment tu t'appelles?
Je m'appelle Nicolas.

Tu as une sœur?

le cousin

le boucher

l'ouvrier

le médecin

la secrétaire

Die Familie

le papi
les grands-parents
la mamie
l'oncle
la tante
la mère
la sœur
la cousine

Maman et Papa sont mes parents.

le bébé
le frère
l'enfant
la fille
les parents
le fils

la cuisinière

le boulanger

le jardinier

la coiffeuse

245

À la maison

la cheminée

le toit

l'armoire

l'image

le

Le chat est sur le lit.

la chambre

la chaise

le fauteuil

la lampe

la cuisine

le placard

la porte

le papier peint

la lave-vaisselle

l'évier

l'escalier

la cave

246

Zu Hause

le grenier

la maison

la chambre

la chambre d'amis

la fenêtre

Où est le canapé vert?

la salle de séjour

l'étagère

la cage

la télé

le balcon

la table

le tapis

la salle de bains

la douche

le garage

le robinet
le lavabo

la baignoire

les toilettes

la machine à laver

À l'école

la cour

le but

le football

le corde à sa[uter]

la salle de classe

Tu as une gomme?
Oui.
Non.

la trousse

le cahier

la gomme

le taille-crayon

le cartable

le crayon

In der Schule

l'horloge

$8 \times 12 = 96$
$8 \times 10 = 80$
$8 \times 2 = 16$

×	10	2
8	80	16

96

le tableau

Donne-moi ton livre, s'il te plaît. Merci.

le maître

l'éponge

la craie

l'ordinateur

le moniteur

l'écran

la corbeille à papier

le clavier

le stylo

le livre

le classeur

l'élève

la table

249

En ville

- l'avion
- le bateau
- le bouchon
- le pont
- la rivière
- le bâtiment
- Où est le cinéma ?
- le musée
- l'ambulance
- le cinéma
- le camion
- Restaurant
- l'accident
- la bibliothèque
- la rue
- le vélo
- le parc
- l'étang
- le banc
- le terrain de jeux
- la balançoire
- le bac à sable
- la bascule

250

In der Stadt

le gratte-ciel
l'usine
la gare
le train
le magasin
la voiture
la banque
l'église
la voiture de pompiers
la mairie
la boîte aux lettres
le marché

Va tout droit!
Tourne à gauche!
Tourne à droite!

Manger et boire

la groseille
l'orange
le pamplemousse
la prune
la poire
le citron
l'abricot
la cerise
SUCRE
la pomme
la banane
la fraise

le jus
le pique-nique
le yaourt
le raisin
le verre

Passe-moi le beurre, s'il te plaît.

l'eau minérale

le chocolat

la casserole
les spaghettis
la poêle
l'assiette
le gâteau
le four
la cuisinière

Essen und Trinken

le chocolat (chaud)

le frigo
la bouteille
le thé
le beurre
la confiture
la tartelette

le ketchup
le petit pain
la cuillère
le pain
le melon
la glace
le fromage
la fourchette
l'œuf
la tasse
le couteau
la carotte
la pizza

J'aime le lait frais.
Je n'aime pas
le thé chaud.

Qu'est-ce que tu
veux boire?

la nappe
le vinaigre
la pomme de terre
le poivre
l'oignon
l'huile
le sel
le haricot vert
le concombre
le petit pois
le saladier
la tomate

253

Les Animaux

le hamster

le lapin

la girafe

La girafe a un long cou.

le chien

le gorille

le zèbre

le cheval

la perruche

le lion

le perroquet

le cochon

le kangourou

le crocodile

l'hippopotame

254

Tiere

l'oie

la poule

le coq

la souris

le chameau

l'éléphant

Quel est ton animal préféré?

la vache

le rhinocéros

le singe

le tigre

le chat

l'ours

le serpent

le pingouin

le cochon d'Inde

le poisson

Vücut

waschen
yıkamak

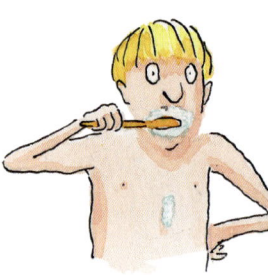

Zähne putzen
diş fırçalamak

kämmen
taramak

baden
yıkanmak

schlafen
uyumak

krank
hasta

hüpfen
sıçramak

die Schulter
omuz

rennen
koşmak

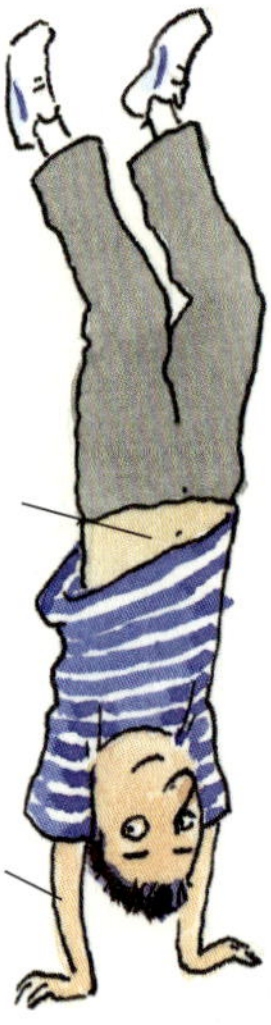

der Bauch
karın

der Po
popo

der Ellbogen
dirsek

Der Körper

- die Haare — *saç*
- der Mund — *ağız*
- der Hals — *boğaz*
- der Zahn — *diş*
- der Finger — *parmak*
- die Hand — *el*
- das Auge — *göz*
- die Nase — *burun*
- die Zunge — *dil*
- der Muskel — *kas*
- das Ohr — *kulak*
- der Rücken — *sırt*
- das Bein — *bacak*
- das Knie — *diz*
- der Kopf — *kafa*
- der Arm — *kol*
- werfen — *topu atmak*
- der Fuß — *ayak*

Kıyafet

das Sweatshirt
kazak

der Mantel
manto

der Knopf
düğme

das Kleid
elbise

die Jeans
kot pantolon

die Jacke
ceket

das Hemd
gömlek

die Sandalen
sandaletler

die Turnschuhe
spor ayakkabısı

die Strümpfe
çoraplar

die Gummistiefel
lastik çizmeler

die Stiefel
çizmeler

Die Kleidung

die Mütze
bere

die Kappe
kasket

der Pullover
kazak

die Sonnenbrille
güneş gözlüğü

der Hut
şapka

die Schuhe
ayakkabılar

das Kopftuch
başörtüsü

der Schal
atkı

das T-Shirt
tişört

die Handschuhe
eldivenler

die Hose
pantolon

der Rock
etek

die Leggings
tayt

259

Aile

die Familie
aile

die Großeltern
dede ve nene

der Opa
büyükbaba

die Tante
teyze/hala

die Oma
büyükanne

der Onkel
dayı/amca

der Cousin
kuzen

die Cousine
kuzen

die Bürokauffrau
büro memuru

der Arzt
doktor

der Arbeiter
işçi

die Wissenschaftlerin
bilim kadını

Die Familie

die Mutter *anne*

die Eltern *ebeveynler*

der Vater *baba*

die Schwester *kız kardeş*

die Geschwister *kardeşler*

die Fotografin *kadın fotoğrafçı*

Sinan

der Bruder *erkek kardeş*

die Köchin *aşçı*

der Bäcker *fırıncı*

die Frisörin *kuaför*

der Metzger *kasap*

der Gärtner *bahçıvan*

261

Evde

der Fernseher
televizyon

die Blumen
çiçekler

die Vase
vazo

der Spiegel
ayna

der Stuhl
sandalye

die Lampe
lamba

der Schlüssel
anahtar

der Tisch
masa

der Kühlschrank
buzdolabı

der Herd
ocak

die Waschmaschine
çamaşır makinesi

das Bett
yatak

der Sessel
koltuk

der Schrank
dolap

das Haus
ev

Zu Hause

1. das Schlafzimmer
   yatak odası
2. das Kinderzimmer
   çocuk odası
3. das Wohnzimmer
   oturma odası
4. die Küche
   mutfak
5. das Badezimmer
   banyo
6. das Waschbecken
   lavabo
7. die Badewanne
   küvet
8. die Spülmaschine
   bulaşık makinesi
9. die Tür
   kapı
10. das Fenster
    pencere
11. das Dach
    çatı

Okulda

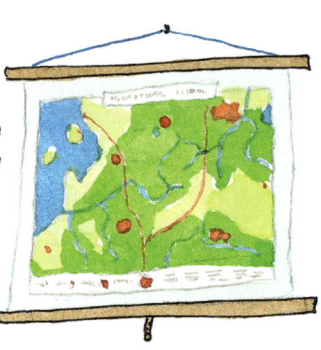

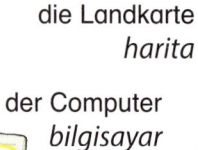

die Uhr
saat

die Landkarte
harita

der Computer
bilgisayar

der Schüler
öğrenci

der Taschenrechner
hesap makinesi

der Stift
kurşunkalem

der Spitzer
kalemtıraş

der Füller
dolma kalem

die Schultasche
okul çantası

der Radiergummi
silgi

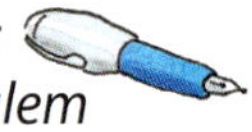

der Schwamm
sünger

die Kreide
tebeşir

der Buchstabe
harf

die Zahl
sayı

rechnen
hesaplam

schreiben
yazmak

lernen
öğrenmek

lesen
okumak

malen
boyamak

In der Schule

das Klassenzimmer
sınıf

die Schülerin
kız öğrenci

die Tafel
tahta

die Lehrerin
kadın ögretmen

der Locher
zımba

der Tacker
tel zımba

das Wörterbuch
sözlük

der Globus
küre

der Klebstoff
tutkal

das Heft
defter

das Buch
kitap

die Freunde
arkadaşlar

die Schaukel
salıncak

der Spielplatz
çocuk parkı

die Rutsche
kaydıraç

der Fußball
futbol topu

das Springseil
atlama ipi

Şehirde

der Hubschrauber
helikopter

der Heißluftballon
sıcak hava balonu

der Marktstand
pazar tezgahı

die Fußgänger
yayalar

der Kinderwagen
çocuk arabası

das Fahrrad
bisiklet

der Bus
otobüs

das Müllfahrzeug
çöp arabası

das Feuerwehrfahrzeug
itfaiye arabası

der Bagger
kepçe

die Baustelle
şantiye

der Lastwagen
kamyon

der Bahnhof
tren istasyonu

das Schiff
gemi

das Eis
dondurma

266

In der Stadt

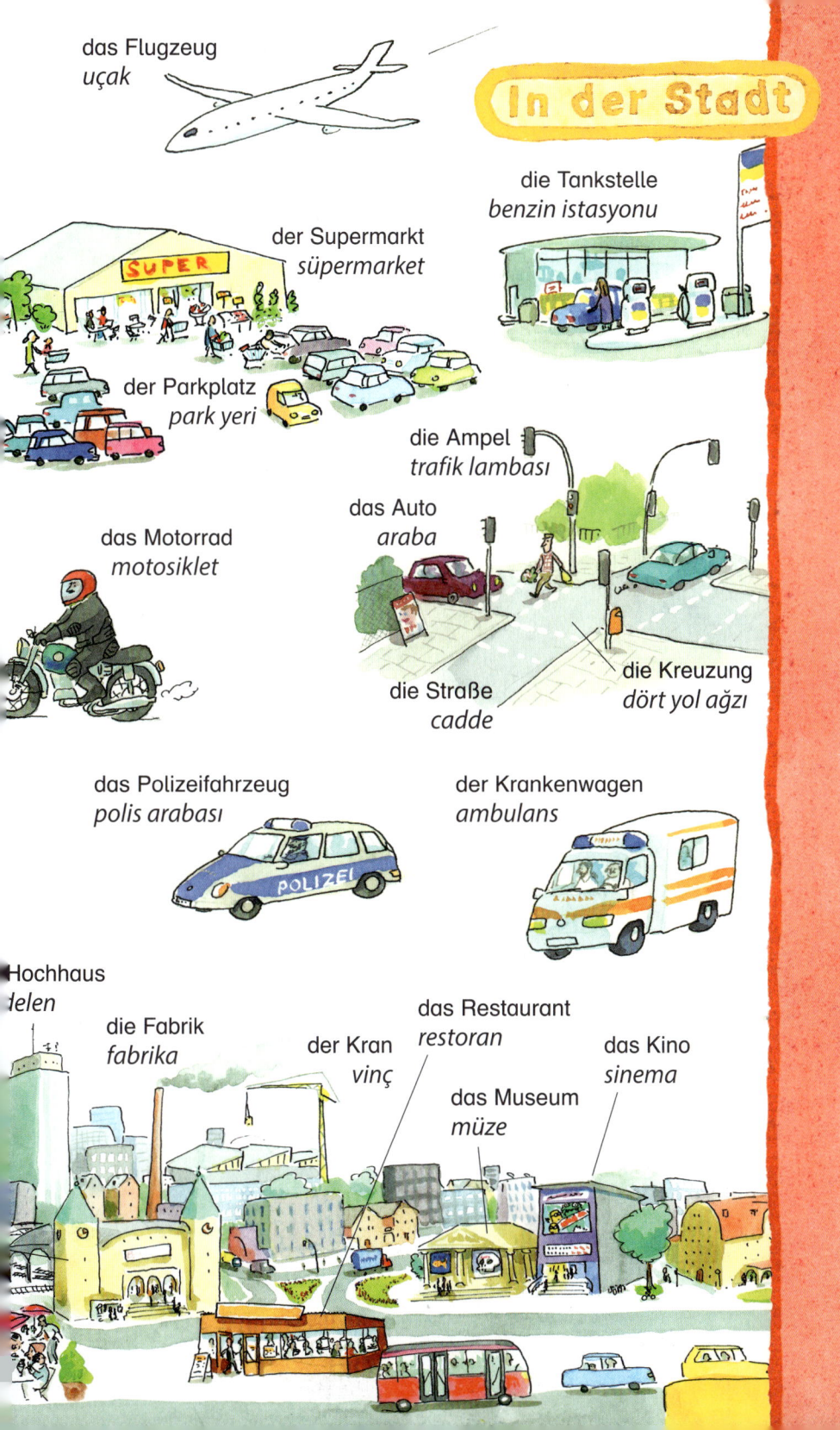

- das Flugzeug / uçak
- die Tankstelle / benzin istasyonu
- der Supermarkt / süpermarket
- der Parkplatz / park yeri
- die Ampel / trafik lambası
- das Auto / araba
- das Motorrad / motosiklet
- die Kreuzung / dört yol ağzı
- die Straße / cadde
- das Polizeifahrzeug / polis arabası
- der Krankenwagen / ambulans
- Hochhaus / ielen
- die Fabrik / fabrika
- der Kran / vinç
- das Restaurant / restoran
- das Museum / müze
- das Kino / sinema

Yiyecek ve içecek

die Orange *portakal*
die Walnuss *ceviz*
der Apfel *elma*
die Birne *armut*
die Grapefruit *greyfurt*
die Aprikose *kayısı*
die Erdbeere *çilek*
die Zitrone *limon*
die Pflaume *erik*
die Johannisbeeren *frenk üzümü*
die Kirschen *kiraz*

die Pizza *pizza*
das gebratene Hähnchen *kızarmış tavuk*
die Suppe *çorba*
das Schaschlik *şiş kebap*
das Fleisch *et*

der Pfeffer *karabiber*
das Mehl *un*
das Salz *tuz*
das Mineralwasser *maden suyu*
der Saft *meyve suyu*
die Butter *tereyağı*
der Zucker *şeker*
der Honig *bal*
der Kaffee *kahve*
das Eis *dondurma*

268

Essen und Trinken

die Schokolade
çikolata

der Joghurt
yoğurt

die Milch
süt

der Kuchen
pasta

das Ei
yumurta

der Tee
çay

das Brot
ekmek

das Toastbrot
tost

das Würstchen
sosis

die Brötchen
rulo ekmek

der Käse
peynir

die Bohnen
fasulye

die Kartoffeln
patatesler

die Tomaten
domates

die Gurke
salatalık

die Erbsen
bezelye

die Zwiebel
soğan

das Gemüse
sebze

der Salat
marul

die Möhre
havuç

Hayvanlar

der Specht
ağaçkakan

die Amsel
karatavuk

die Kuh
inek

der Esel
eşek

der Fuchs
tilki

die Katze
kedi

die Henne
tavuk

der Fisch
balık

der Hahn
horoz

der Hund
köpek

das Eichhörnchen
sincap

der Hamster
uğur böceği

der Igel
kirpi

der Maulwurf
köstebek

der Hase
tavşan

der Marienkäfer
uğur böceği

der Schmetterling
kelebek

das Meerschweincher
kobay

die Biene
arı

die Maus
fare

die Mücke
sivrisinek

der Frosch
kurbağa

Tiere

die Gans
kaz

das Pferd
at

das Schaf
koyun

der Wolf
kurt

der Gorilla
goril

der Löwe
aslan

der Tiger
kaplan

das Flusspferd
su aygırı

die Giraffe
zürafa

der Elefant
fil

das Kamel
deve

das Krokodil
timsah

Fachbegriffe

Vokal	Selbstlaut	a ,e, i ,o, u
Konsonant	Mitlaut	b, c, d, f, g, h
Diphthong	Doppellaut, Zwielaut	ei, ai, au, äu, eu
	Umlaut	ä, ö, ü

Nomen, Substantiv	Namenwort	Kind
Singular	Einzahl	ein Kind
Plural	Mehrzahl	viele Kinder
Artikel	Begleiter	der, die, das, einer, eine, ein
Pronomen	Fürwort	ich, du, er, mir, dir

Verb	Zeitwort, Tunwort	lachen
Infinitiv	Grundform	lachen
Präsens	Gegenwart	er lacht
Präteritum, Imperfekt	1. Vergangenheit	sie lachte
Perfekt	2. Vergangenheit	du hast gelacht
Futur	Zukunft	ihr werdet lachen

Adjektiv	Wiewort, Eigenschaftswort	groß
Komparativ	1. Vergleichsstufe	größer
Superlativ	2. Vergleichsstufe	am größten

Präposition	Verhältniswort	auf, an, unter
Konjunktion	Bindewort	und, oder
Adverb	Umstandswort	bald